MENSA 门萨逻辑游戏

LOGIC BRAINTEASERS

〔英〕菲利普·卡特 〔英〕肯·拉塞尔 著
丁大刚 译

著作权合同登记号 图字 01-2021-4735

图书在版编目(CIP)数据

门萨逻辑游戏 / (英) 菲利普·卡特, (英) 肯·拉塞尔著 ; 丁大刚译. -- 北京 : 人民文学出版社, 2022
(门萨智力大师系列)
ISBN 978-7-02-011485-6

Ⅰ. ①门… Ⅱ. ①菲… ②肯… ③丁… Ⅲ. ①智力游戏 Ⅳ. ①G898.2

中国版本图书馆CIP数据核字(2021)第230869号

责任编辑 卜艳冰 周 洁
装帧设计 李苗苗

出版发行 人民文学出版社
社 址 北京市朝内大街166号
邮政编码 100705

印 制 上海盛通时代印刷有限公司
经 销 全国新华书店等

开 本 720毫米×1000毫米 1/16
印 张 14
字 数 175千字
版 次 2022年1月北京第1版
印 次 2022年1月第1次印刷

书 号 978-7-02-011485-6
定 价 68.00元

如有印装质量问题，请与本社图书销售中心调换。电话：010-65233595

什么是“门萨”？

“门萨”是世界顶级高智商俱乐部的名称。

它拥有十万多名会员，遍及全球四十多个国家。

俱乐部的宗旨是：

从人类利益出发，确认、培养以及巩固人类智力；

鼓励开发研究人类智力的本能、特征和用途；

为其会员提供宝贵的智力激发、交流和发展的机会。

任何智力测试得分在世界人口前2%的人都有资格成为门萨俱乐部的一员——您是我们一直在寻找的那“2%”吗?

门萨俱乐部成员享有以下权益：

国内外线上线下社交活动；

量身打造的兴趣小组——从艺术到动物学研究，百余种选择只为迎合您的兴趣爱好；

会员月刊和当地活动时讯；

同城聚会——从游戏竞技到小食、酒水聚会；

国内其他城市及国外周末聚会和会议；

激发智力的讲座与研讨会；

享受SIGHT（国际向导和接待游客）组织所提供的服务。

目 录

谜题

Puzzle

耀眼的钻石

请将这块钻石分割成形状相同的四个部分，要求每部分都包含下列五种符号各一个。

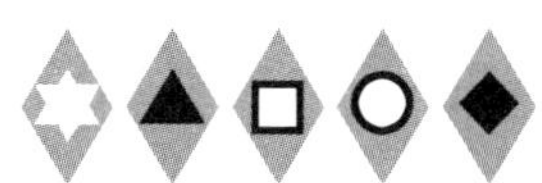

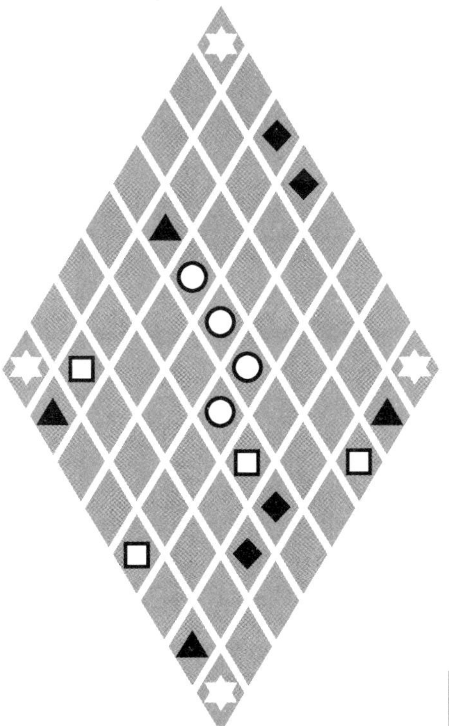

答案编号 1

调皮的三角

根据下列三幅图的递变规律，找出下一幅图应该是 A、B、C、D、E 中的哪一幅？

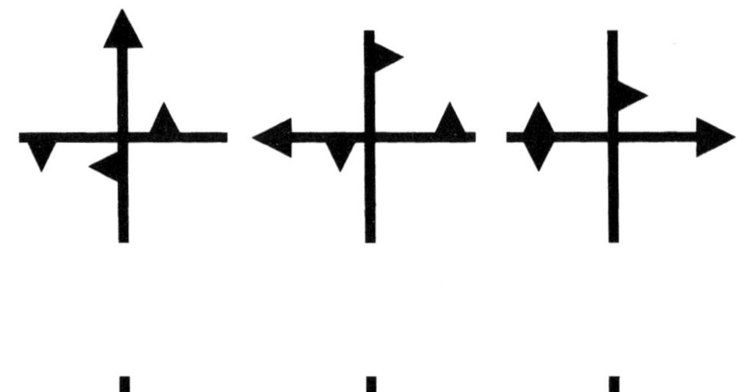

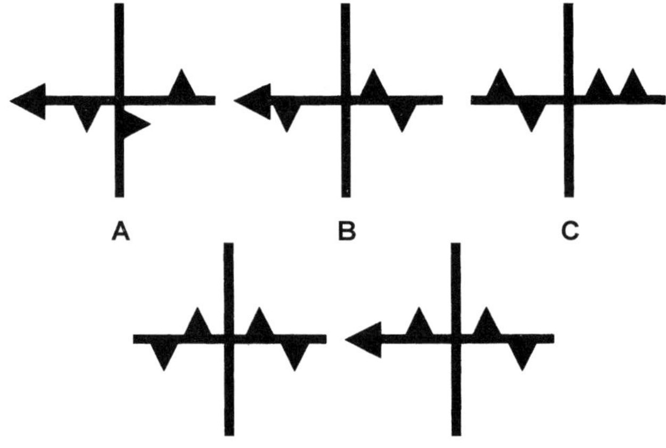

答案编号 2

漫步机器人

科学家们制造出一个机器人，取名“漫步者”号，并为它设计了一个简单的程序使之能穿越马路。程序如下：

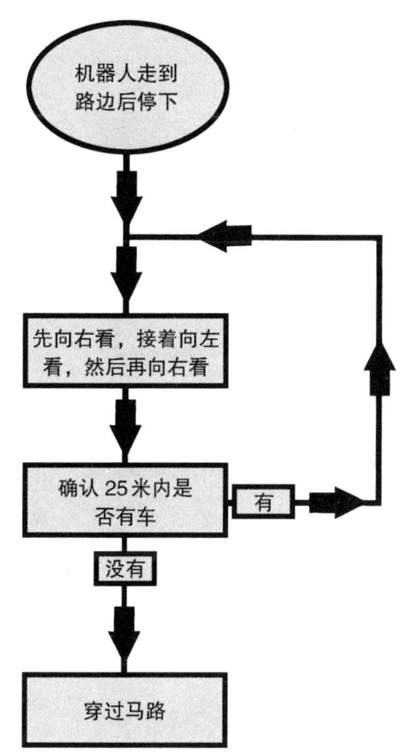

他们在英国做了一次实验：让机器人穿越一条较为空旷的马路（非单行道）。可是由于科学家们的技术失误，它足足花了八个小时才穿过这条路。您知道是哪里出了错吗？

答案编号 3

三个圆圈

画三个标准的圆，要求每个圆都能包住一个椭圆、一个正方形和一个三角形（统称三要素），但是任意两个圆中包住的三要素位置不能完全相同。

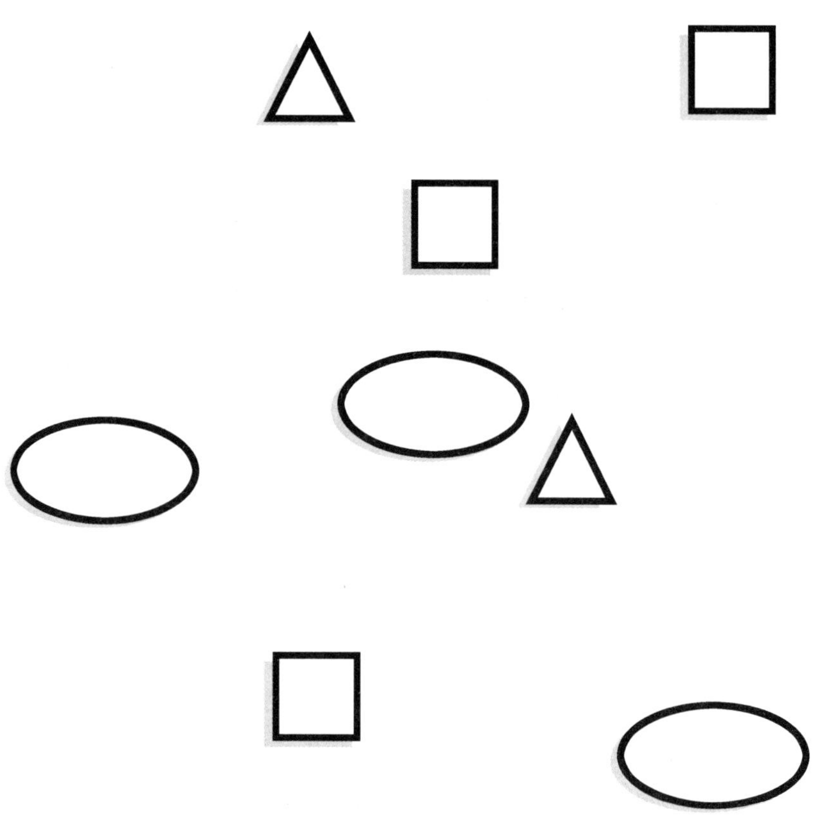

答案编号 4

真假金币

大多数辨认真假金币的谜题中，使用的都是有两个托盘的平衡式天平，一个物体的重量要和另一个托盘上物体的重量比较后才能得出。但在本题中，您的天平只有一个托盘。

现在给您三大袋金币，每袋金币的数量是不确定的。其中一袋装的全是假币，每枚重 55 克；另两袋装的则是每枚重 50 克的真币。

请问最少操作几次天平，您才能找出那袋假币？

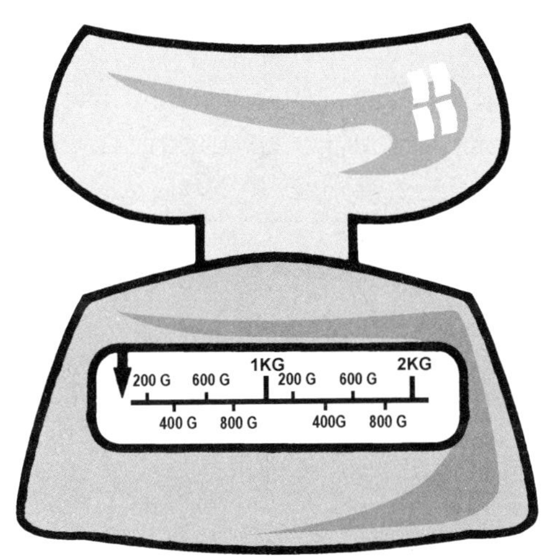

答案编号 5

对号入座1

在某校，男生都坐在编号为1—5的座位上，女生们坐在他们对面，编号为6—10。现已知：

1. 正对1号男生的那个女孩坐在菲奥纳旁边。
2. 菲奥纳和格蕾斯间隔了两个座位。
3. 希拉里坐在科林对面。
4. 埃迪正对的那个女孩坐在希拉里旁边。
5. 如果科林不在他那排的当中，那就是艾伦坐在那儿。
6. 大卫坐在比尔旁边。
7. 比尔和科林间隔了两个座位。
8. 菲奥纳和英迪拉中的一个坐在女生排中间。
9. 希拉里和珍妮间也隔了两个座。
10. 大卫坐在格蕾斯对面。
11. 艾伦正对的那个女孩坐在珍妮旁边。
12. 科林不坐在5号桌。
13. 珍妮不坐在10号桌。

您能推测出这些学生分别坐在哪里吗？

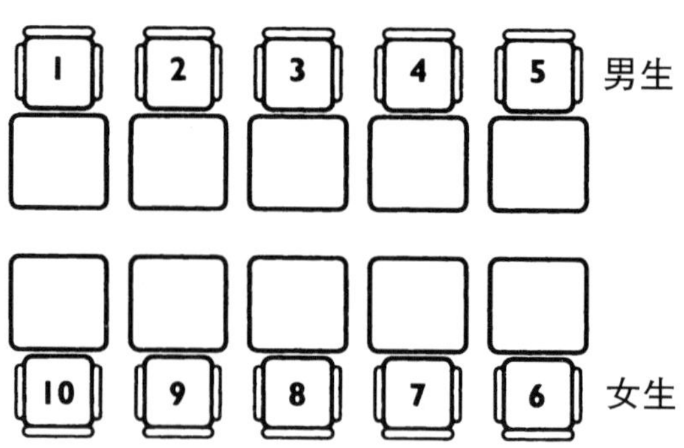

答案编号 6

眉目传情

根据以下五幅图的递变规律，找出下一幅图应该是 A、B、C、D、E 中的哪一幅？

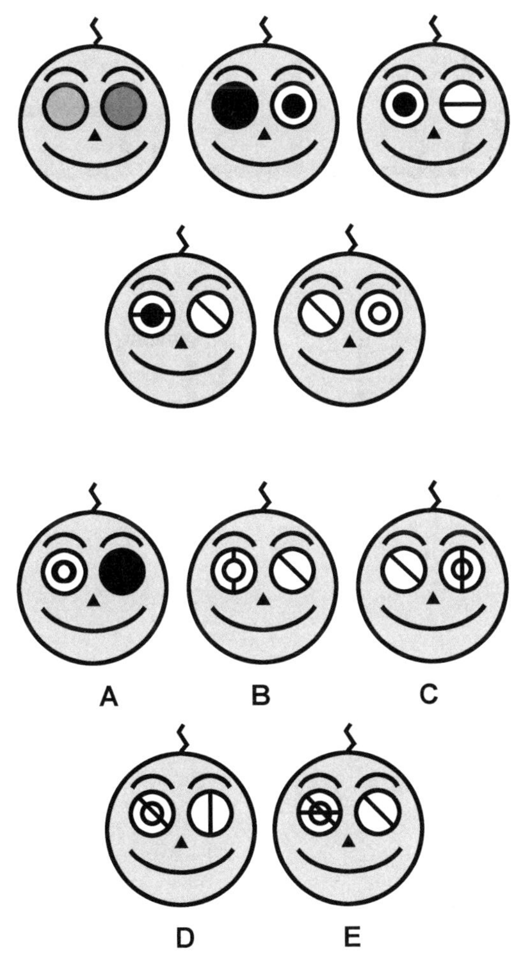

答案编号 7

趣味图形

根据以下五幅图的递变规律，找出下一幅图应该是 A、B、C、D、E 中的哪一幅？

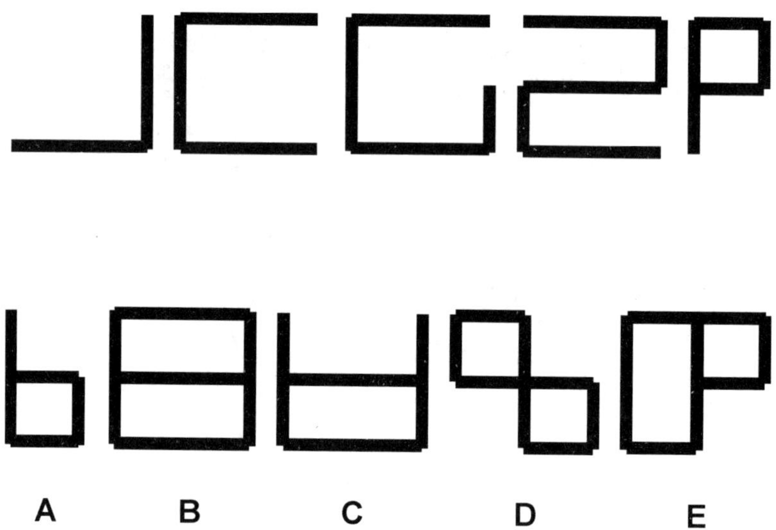

答案编号 8

圆圈里的交会1

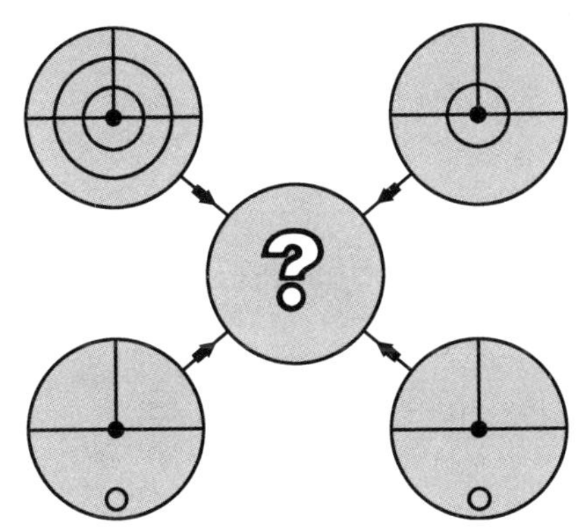

如上图所示，外围四个圆里的每条线和每个小图形要在中间的圆中出现，必须遵循几条规则。规则如下：

如果这条线或这个小图形在外围四个圆中出现一次，它一定会被转入中间的圆中；出现两次，它有可能被转入；出现三次，它一定会被转入；出现四次则一定不会被转入。

请问下列五个圆中哪个该出现在上图问号处?

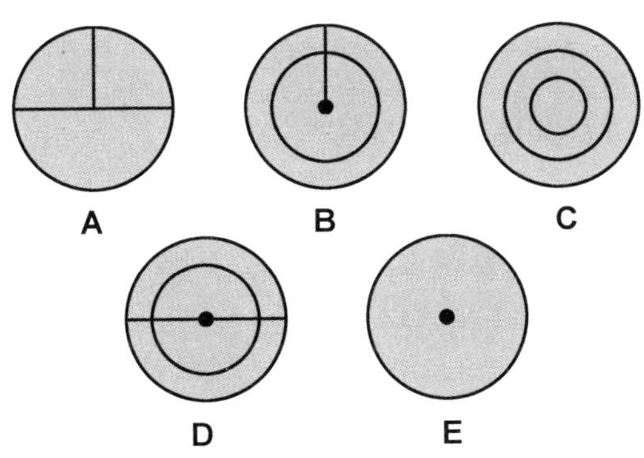

射击场竞赛

军队里的三个神枪手普里森上校、艾米少校和法尔将军在射击场打靶。打完后每个人拿着自己的靶纸，各说了三句话。

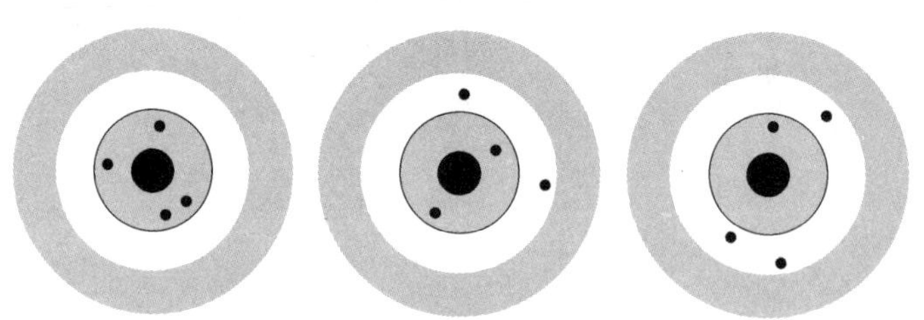

普里森上校：“我一共打了 180 环，
比少校少 40 环，
比将军多 20 环。”

艾米少校：“我不是打得最差的，
我和将军间的环数相差 60，
将军打了 240 环。”

法尔将军：“我打得环数比上校少，
上校打了 200 环，
少校比上校少 60 环。”

已知他们的话中都有一句是错的，您能算出他们各自打中的环数吗？

答案编号 10

奥古斯大陆

在奥古斯大陆上住着三大家族：

“讲真话”家族住在六角形房子里，总是讲真话。

“撒谎”家族住在五边形房子里，只会讲假话。

“转变”家族住在圆形房子里，他们的特点是一旦话说出口，就要说到做到。

某天早晨三大家族中的90位成员被平均分成三组集中在一座城市中。三组中有一组组员来自同一家族；一组组员来自两大家族，且人数各占一半；最后一组由三大家族共同构成，且人数各占三分之一。现将三组随机编号。

第一组组员都称自己是“讲真话”家族的。

第二组组员说：“我们全是‘撒谎’家族的。”

第三组组员则声明他们中除了“转变”家族的，没有其他家族成员了。

那么请问当天晚上这90人中有多少是睡在五边形房子中的？

答案编号 11

奇幻数字1

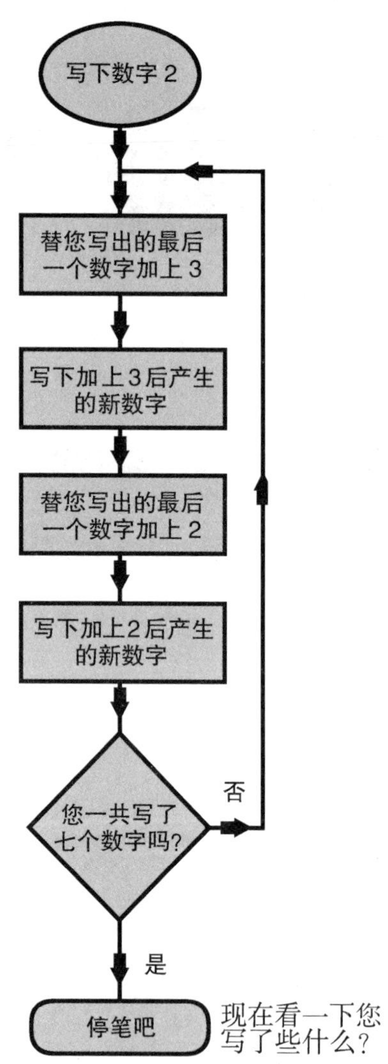

现在看一下您写了些什么?

答案编号 12

妙选电话亭

一个新来的修理工正准备去修电话。在他的包干区有十五间电话亭。负责人告诉他在前八间电话亭中有五间的电话是坏的。为了测试他的修理水平，负责人要求他先修其中的一个。

那个新来的修理工便径直走向了第八间电话亭，请问他为什么这么做？

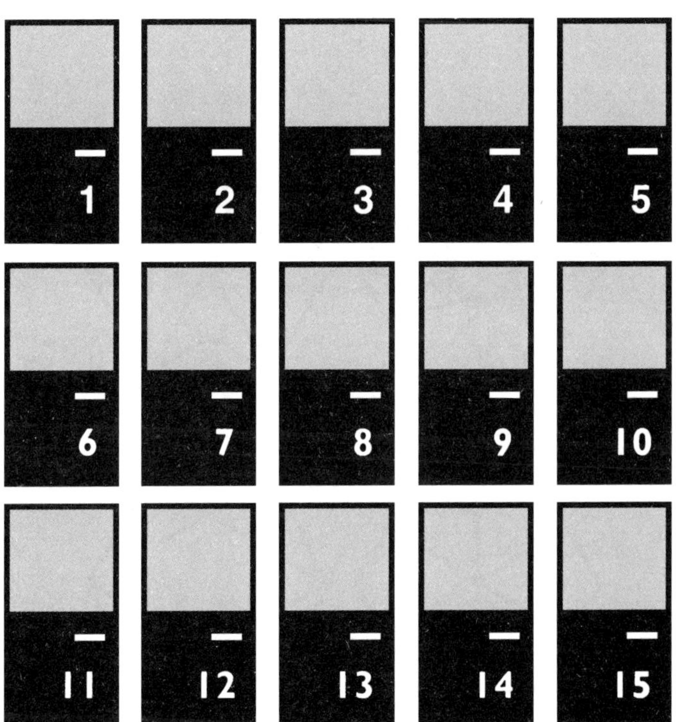

答案编号 13

和谐之美

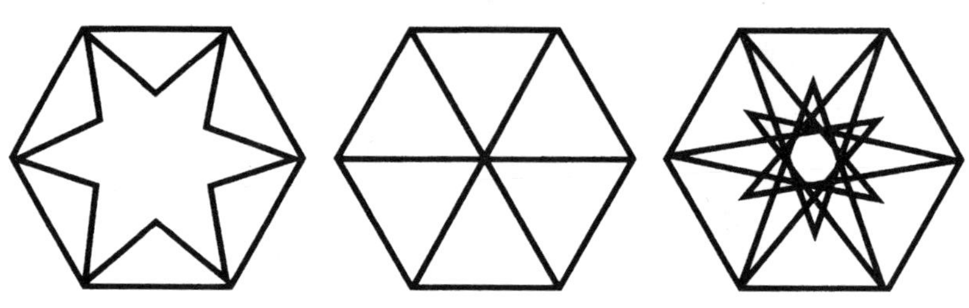

观察上方三个六边形，根据您发现的规律找出下一幅图应该是 A、B、C、D 中的哪一幅？

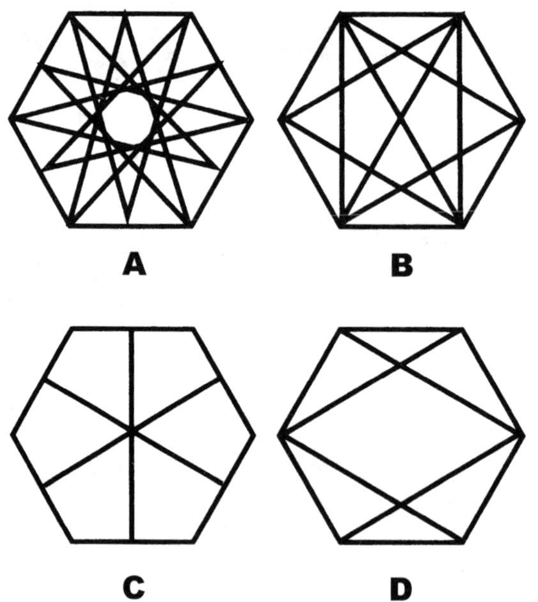

答案编号 14

鏖战赌城

三位赌博好手“毁灭之王”、“疤面煞星”和“吉祥小子”在拉斯维加斯相遇了。他们决定用六面骰子赌一把比大小的游戏，但玩法和平常不一样，有一些特殊规则：

1. 每个玩家选择自己骰子上的数字。
2. 选择的范围是从 1 到 9，但不准选两个连续的数字。
3. 在骰子的六个面上写出自选的三个不同数字，每个数字写两面，要求六数之和为 30。

此外，还规定任意两个玩家骰子上的数不能完全相同。经过长时间的较量后，结果是三个人两两相克。“毁灭之王”胜了“疤面煞星”；“疤面煞星”又胜了“吉祥小子”；而“吉祥小子”最后又胜了“毁灭之王”。请问他们是如何做到的？

答案编号 15

各怀鬼胎

四名嫌疑人杰克·维休斯、西德·斯福特、阿尔夫·马金和吉姆·彭斯在凶杀现场接受审讯。每个人都被问了一个问题。他们的回答如下：

杰克·维休斯："西德·斯福特是凶手。"

西德·斯福特："吉姆·彭斯才是凶手。"

阿尔夫·马金："我没有杀人。"

吉姆·彭斯："西德·斯福特在说谎。"

已知这四个人中只有一人说了真话。请问凶手是谁？

答案编号 16

活力小狗

拉塞尔·卡特和他的宠物狗点点住在澳大利亚一座偏僻遥远的牧场里。每星期他都会带着他的狗出去散几次步，他们通常会走得很远。一天早上拉塞尔牵着点点从家出发，以恒定的每小时 4 千米的速度走了 10 千米。然后他们顺原路折返。拉塞尔在返程开始时没有再牵住他的狗，点点立刻以每小时 9 千米的速度独自向家跑去。当它到达牧场后，又转身跑向它的主人——此刻仍以每小时 4 千米的速度行进的拉塞尔。当狗遇见它的主人后，便又一次回头飞奔向牧场，并保持着它每小时 9 千米的速度。这个过程一直重复下去，直到拉塞尔和他的狗一起回到家。请注意在整个返回路程中，点点和拉塞尔各自的速度不变，分别为每小时 9 千米和每小时 4 千米。

您能算出从返程开始时小狗被主人松开到它和主人一起进入牧场的整个过程中，小狗一共跑了几千米吗？

答案编号 17

庄园里的仆人

在英国乡村，坐落着一座非常传统的庄园。庄园里共有五位仆人各司其职，他们的爱好不同，休息时间也不一样。

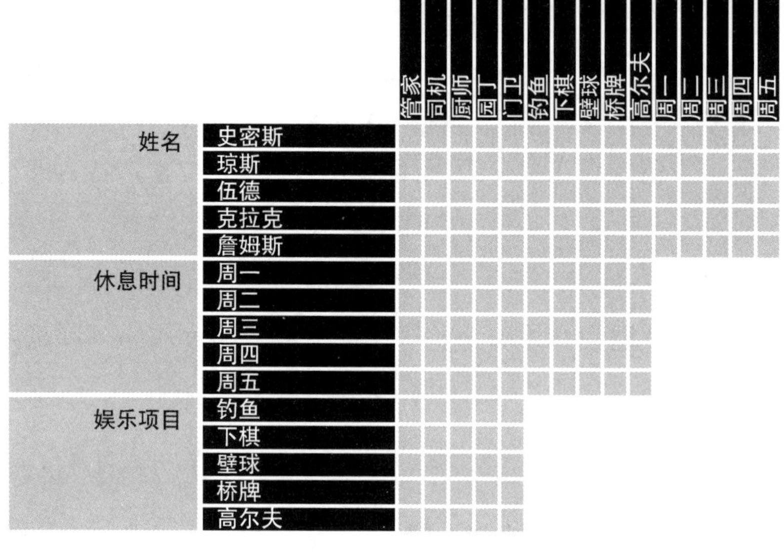

已知如下：

1. 周二休息的仆人通常会去打高尔夫，但那人不是门卫克拉克。
2. 琼斯不是管家，而管家喜欢玩壁球。
3. 伍德周三休息，他既不是管家也不是园丁。
4. 詹姆斯是厨师，他周四不休息；史密斯周四也不休息。
5. 周一休息的人要打桥牌；司机不爱下棋；詹姆斯周二也不休息。

请根据上述信息在下面的表格中准确填出五位仆人的姓名、所司职位、爱好和休息时间。

姓名	职位	爱好	休息时间

答案编号 18

寻房觅友

我的朋友阿奇博尔德刚搬进了一条新街——那条街很长，一共有82幢房子坐落其中，它们都被依次编了号。为了找出我朋友的门牌号，我问了他三个只需回答“是”或“否”的问题。他的回答我暂时保密，只告诉您问题是什么。因为答案是唯一的，如果您能解决下面的三个问题，自然就能知道我朋友家的门牌号了。

问题一：你的门牌号小于41吗？

问题二：你的门牌号能被4整除吗？

问题三：你的门牌号是完全平方数吗？

现在您能猜出我朋友家的门牌号是多少吗？

答案编号 19

城镇大钟

从我家的窗口往外看，可以看到镇上的大钟。每天我都要将壁炉架上的闹钟按照大钟上的时间校对一遍。通常情况下，两者的时间是一样的，但有一天早上，发生了一件奇怪的事：一开始我的闹钟显示为 9 点差 5 分；1 分钟后显示为 9 点差 4 分；再过 2 分钟时，仍显示为 9 点差 4 分；又过了 1 分钟，显示时间又变回了 9 点差 5 分。

一直到了 9 点整，我才突然醒悟过来，到底是哪里出了错。您知道是什么原因吗？

答案编号 20

希尔斯摩天楼

美国希尔斯百货公司的总部位于伊利诺伊州芝加哥市的希尔斯大厦内。该大厦是全球最高的办公楼之一，人们更愿意称它希尔斯塔。已知它比它自身的一半还高出 225 米，请问希尔斯塔的高度是多少？

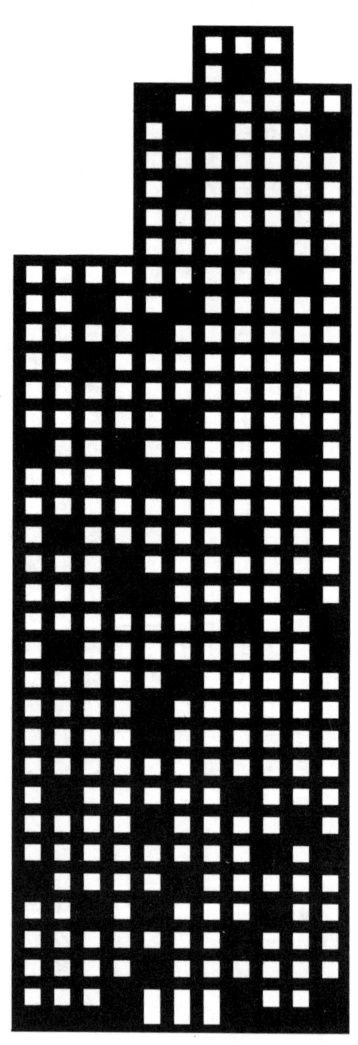

答案编号 21

日本旅馆

在日本长崎一家旅馆的玻璃门上贴着如下字样：

PHUSLULP

这是什么意思?

答案编号 22

分粥里的学问

一个狱卒负责看守人数众多的囚犯。吃饭分粥时，他必须安排他们的座位。入座的规则如下：

1. 每张桌子上坐的囚犯人数要相同。
2. 每张桌子所坐的人数必须是奇数。

在囚犯入座后，狱卒发现：

每张桌子坐 3 人，就会多出 2 人。
每张桌子坐 5 人，就会多出 4 人。
每张桌子坐 7 人，就会多出 6 人。
每张桌子坐 9 人，就会多出 8 人。

但当每张桌子坐 11 人时，就没有人多出来了。

请问一共有多少个囚犯？

答案编号 23

择友篇1

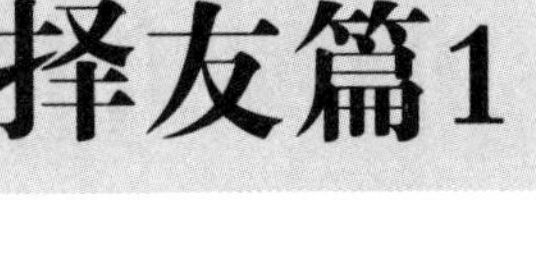

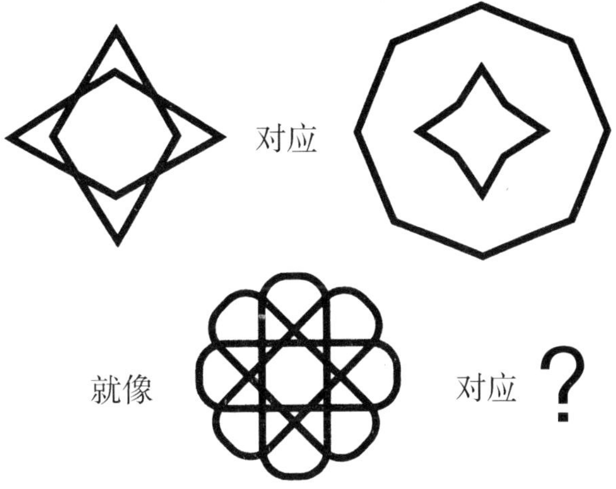

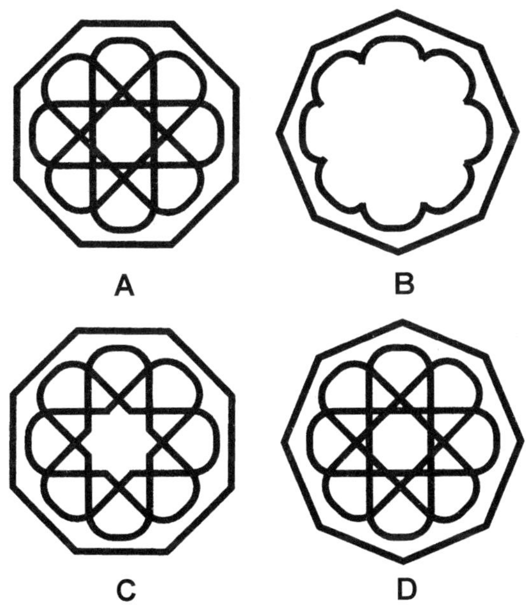

答案编号 24

阿尔加威的聚会

在葡萄牙靠近西班牙边境的阿尔加威省的东面，有这样一座小城——它的道路布局被设计成正方形的网格状，就像美国的曼哈顿（这种道路系统最早可以追溯到古希腊）。

现在在这座城内七个不同的路口处，住着七位朋友（以“○”标示），他们想聚在一起喝杯咖啡。

请您在地图上制定一个路口作为他们的集合地，要求能让所有人走的总路程最短。

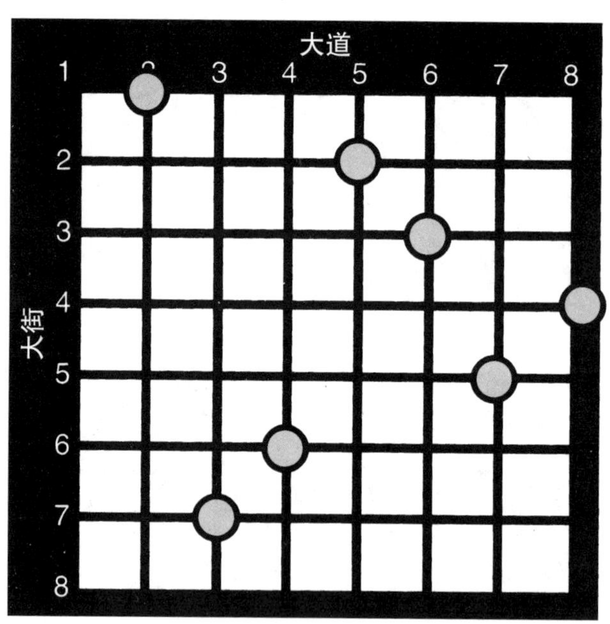

答案编号 25

圆圈的创新

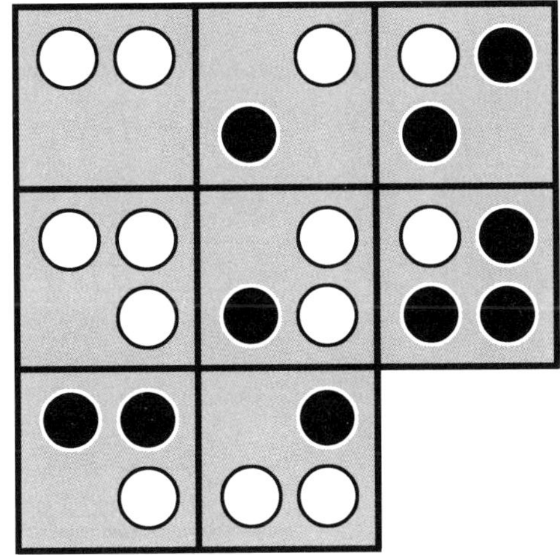

看清每行和每列图形的不同排列。缺失的那个正方形应该是下列八个中的哪一个？

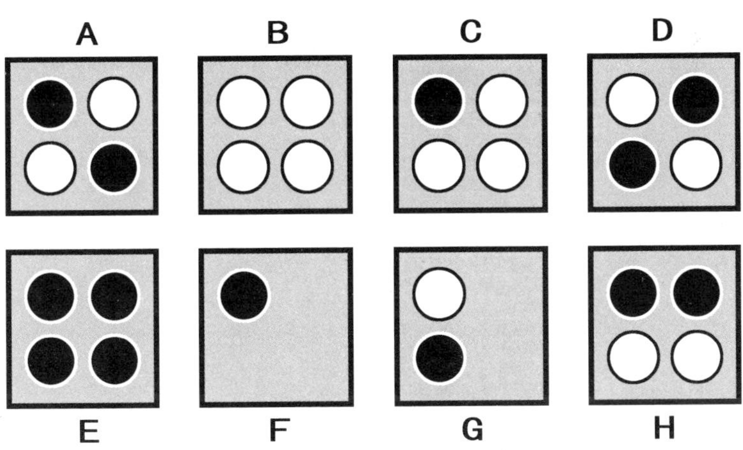

答案编号 26

银河系大会

共有五对外星夫妇来到地球参加本届银河系大会。他们乘着不同的飞船降落在事先安排好的五座连续的港口中。为便于识别，男性以M标记，并在该字母后跟一个奇数。女性以F标记，并在其后跟一个偶数。每对外星夫妇都有独有的特征，而且他们各自准备了不同的议题。开会时，每对夫妇彼此间挨着坐在会议厅中五对预先摆好的双排座上。

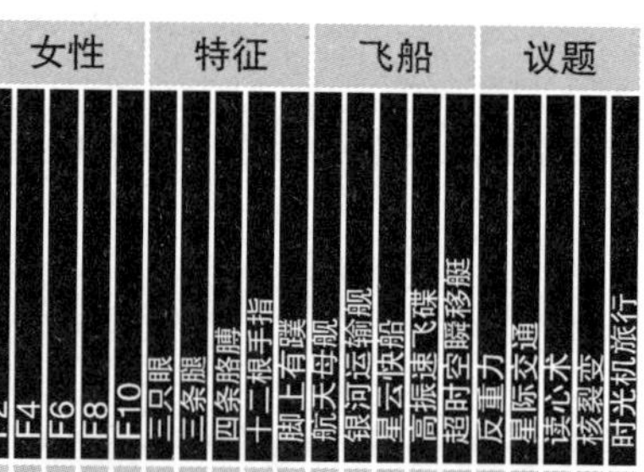

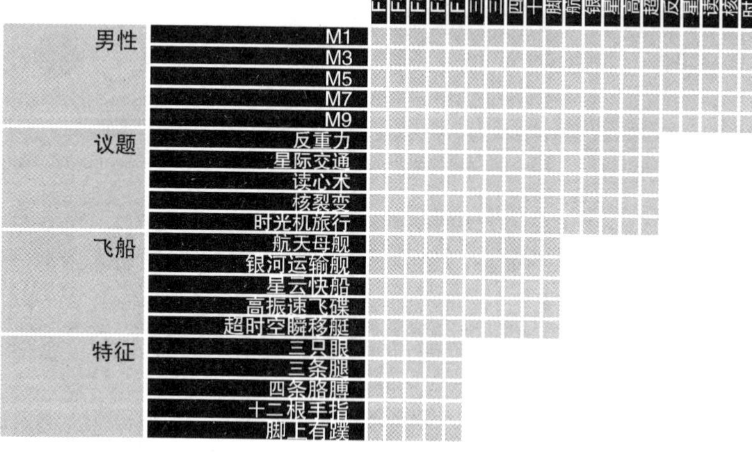

已知情况如下：

1. M1 先生坐的是超时空瞬移艇，他正准备关于时光机旅行的议题。
2. 做读心术报告的夫妇有四条胳膊，他们的星云快船停在高振速飞碟和航天母舰之间。
3. F6 夫人坐在左起第二对座位中，她正跟坐在她旁边的另一对夫妇说："我丈夫 M3 和我刚发现你们有三条腿。"
4. F4 夫人很喜欢那艘银河运输舰。该舰的主人正坐在她旁边的一对座位上，他们每人有三只眼。
5. F8 夫人的丈夫在用他的十二根手指翻着他的时光机旅行报告。
6. M5 先生坐的是五对椅子中的中间那对。他正和他旁边那对座位上的 F10 夫人说："坐您另一边的那对脚上长蹼的夫妇有一艘航天母舰。"
7. M7 先生和 F2 夫人正在研究他们关于反重力的议题。F6 夫人的丈夫正在看他关于核分裂的报告。

请问谁是 M9 先生的夫人，做核分裂报告的那位丈夫又是谁？

男					
女					
议题					
飞船					
特征					

答案编号 27

碎片定位

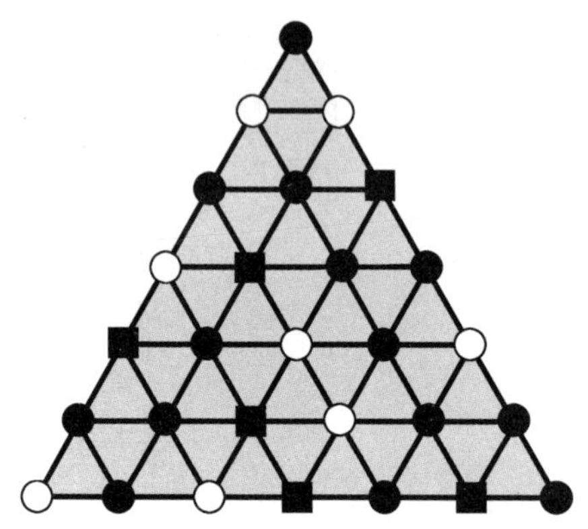

将下面的十二块碎片以某种方式拼接后就形成了上面所画的三角形阵。每块碎片都处在自己独特的位置，互不重叠。而且拼接时碎片摆放后的形状要求和下面画的形状一致，即不能旋转，只能平移。值得注意的是：阵中碎片覆盖了所有的连接点，但并不覆盖所有的连接线。

请您给十二块碎片定位。

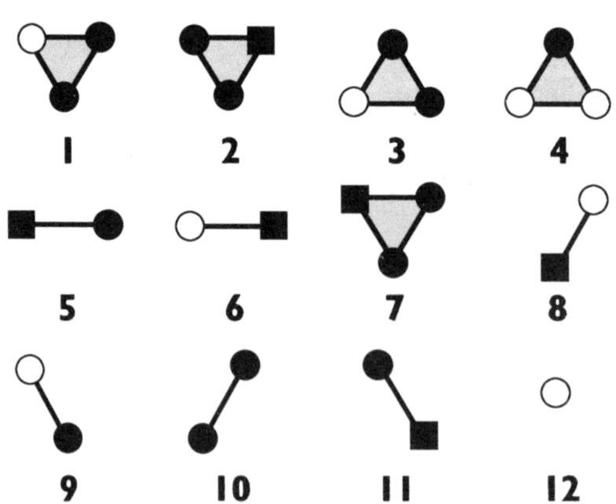

答案编号 28

手指问题

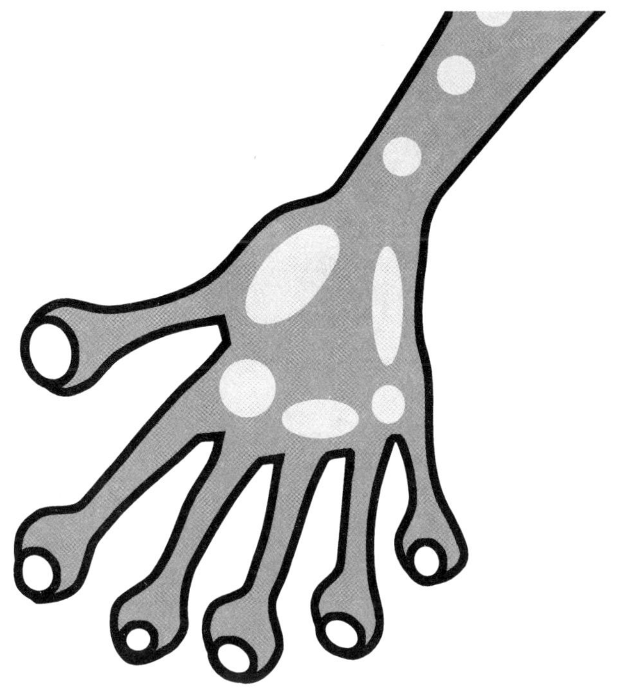

一群外星人聚在一间房中。已知每个外星人的每一只手上，都有不止一根手指，但他们每个人的手指总数一致；又已知任意一个外星人每只手上的手指数量也不相同。现在如果告诉您房间里外星人的手指总数，您就可以知道一共有几个外星人了。

假设这个房间里外星人的手指总数在200—300之间，请问房间里共有几个外星人？

答案编号 29

猜数字

5	?	5 7 9
7	?	5 7 9
9	?	5 7 9

阿纳斯塔西娅正想着一个介于99和999之间的数字。这时，贝琳达问她该数字是否低于500，阿纳斯塔西娅回答“是”；贝琳达又问，该数字是否是一个平方数，得到的回答也是“是”；当被问到该数是否为一个立方数时，阿纳斯塔西娅还是回答“是”。然而，她的回答中，只有两次说的是真话。好在阿纳斯塔西娅后来又诚实地告诉贝琳达，该数字的首位数和末位数是5、7或9。您能猜出这个数字是多少吗？

答案编号 30

年龄调查

一位人口普查员来到某户人家，迎接他的是一位中年妇女，她生了三个女儿。当普查员询问这三个女孩的年龄时，这位妇女有意卖关子，说："如果您将她们的年龄相乘，结果是72；但如果将她们的年龄相加，那又碰巧是我家的门牌号码了。您可以自己去看看。"

人口普查员想了想，说道："要推算出她们的年龄，这些信息恐怕还不够。"

这位妇女又说："那好吧，还可以告诉您我大女儿有一只猫，其中一只脚是木头做的。"

人口普查员笑道："哈！现在我知道她们的年龄了。"

您知道了吗？

答案编号 31

纪念树

在当地，每年会有一家运动员俱乐部派出一名成员在他们小镇的主干道旁种一棵纪念树，不同的俱乐部按年份轮换。如今在他们种的每棵树上都已有一只小鸟筑起了巢穴。已知：

1. 乌鸦住在山毛榉上。
2. 在高尔夫俱乐部种树两年后，另一家俱乐部种下了一棵酸橙树。
3. 保龄球俱乐部种的树上住着一只知更鸟，那棵树的旁边是一棵足球俱乐部种的树。
4. 吉姆在 1971 年种下了属于他的俱乐部的纪念树。
5. 德斯蒙德在 1974 年种了一棵白杨，现在那里住着一只八哥。
6. 托尼种的山毛榉在所有树的中间。
7. 比尔种的树在一棵白蜡的旁边，他的树上住着猫头鹰。
8. 最右端的那棵树是 1974 年由足球俱乐部种下的。
9. 有棵榆树是 1970 年种下的。
10. 1972 年轮到网球俱乐部种树。
11. 1970 年轮到壁球俱乐部种树。
12. 知更鸟住的那棵树是西尔威斯特在 1973 年种下的。
13. 吉姆种的树上住着乌鸫。

根据上述信息，请您按下表填出在哪一年由哪一家俱乐部派出了哪名成员种了一棵什么树，树上住着哪种鸟。

树					
种树人					
俱乐部					
鸟					
年份					

答案编号 32

俱乐部难题

网球俱乐部共有189名成员：其中男性成员140名。另外统计到有8个人加入时间不到3年；11个人的年龄小于20岁；70个人戴眼镜。

现在请您估算加入时间不小于3年、年龄不小于20岁的戴眼镜的男性成员最少有几个人？

答案编号 33

谁更多

唐纳德和斯宾塞被当地管委会临时雇用为树木养护工，他们的具体工作是修剪一条林荫道两旁的行道树。已知该林荫道两边的树数目相等。上岗那天，唐纳德先到。直到他修剪完了右边的三棵树，斯宾塞才姗姗来迟。不幸的是唐纳德被告知左边才是他的包干区。于是他只好重新从左边开始剪，而斯宾塞则接手了唐纳德刚做的活儿，继续往下干。当斯宾塞剪完了右边所有的树后，他便穿过林荫道来到唐纳德的工作区，帮他修剪完了剩下的六棵树。

请问最后谁修剪的树较多，多多少？

答案编号 34

贴瓷砖

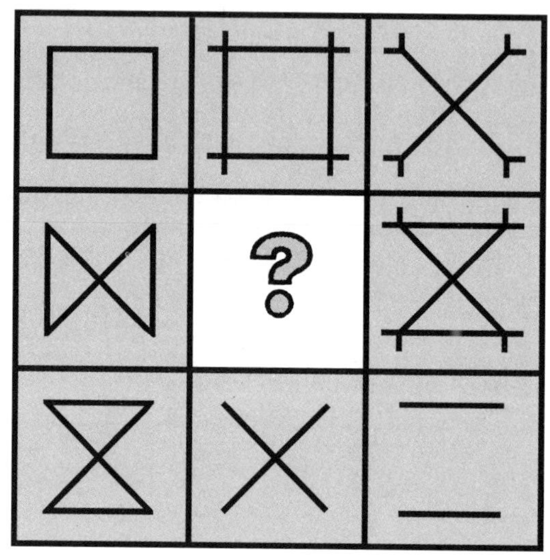

墙上的瓷砖少了一块，请您根据上方图案的规律在下面的备选材料中挑出正确的贴上。

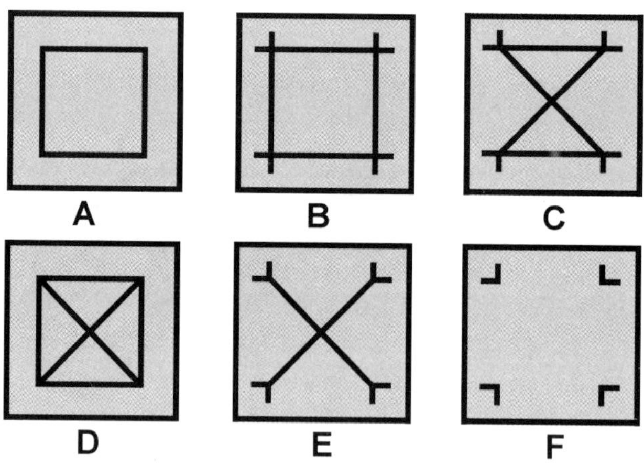

答案编号 35

宠物狗秀

在今年的宠物狗秀上出现了戏剧性的一幕：前来参加比赛的四兄弟——安迪、比尔、科林和唐纳德，每人手里都牵着两条狗。更奇怪的是他们都用彼此的姓名给各自的狗起名。结果共有两条狗叫安迪，两条叫比尔，两条叫科林，剩下两条叫唐纳德。

在八条狗中，有三条考杰狗、三条拉布拉多猎狗，以及两条达尔马提亚狗。四兄弟没有一人有两条同种属的狗。同种属的狗也不会有相同的名字。另外安迪的狗中没有叫唐纳德的，科林的狗中没有叫安迪的。而考杰狗中没有叫安迪的，拉布拉多猎狗中没有叫唐纳德的。最后比尔的狗中没有拉布拉多猎狗。

现在请您告诉我两条达尔马提亚狗的名字，以及它们的主人分别是谁。

答案编号 36

手帕上的挑战

查理在酒吧向本挑衅道：“我口袋里有块普通的手帕，现在把它放在地上，你我二人面对面地站在它的两个对角上。不准撕扯和剪切手帕，也不能移动它。我打赌如果你不离开手帕的话，就绝对碰不到我！”

您觉得这可能吗？

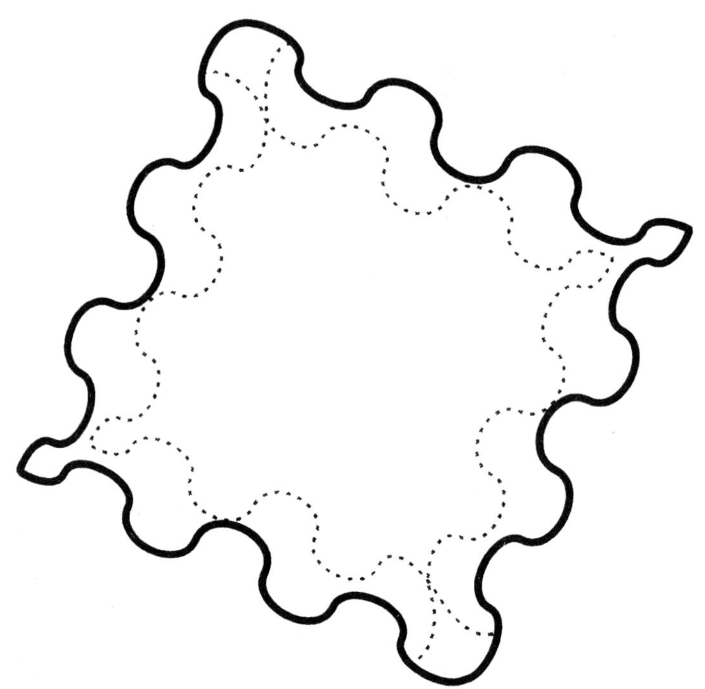

答案编号 37

鼠笼迷宫

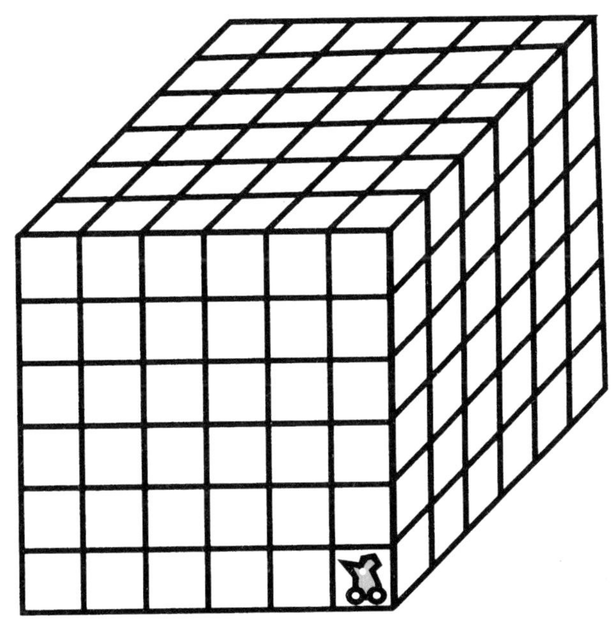

上图的大笼子由 216 个开放的小室组成。一只电子鼠被放在笼子右下角如图所示的小室内。您可以通过远程控制来移动它。规定电子鼠左右移动时，每次移三步；上下移动时，每次移两步（一步对应一个小室）。

您能设法让它到达鼠笼里最中间的那个小室吗？如果可以，那电子鼠最少需走几步？

答案编号 38

轮盘赌

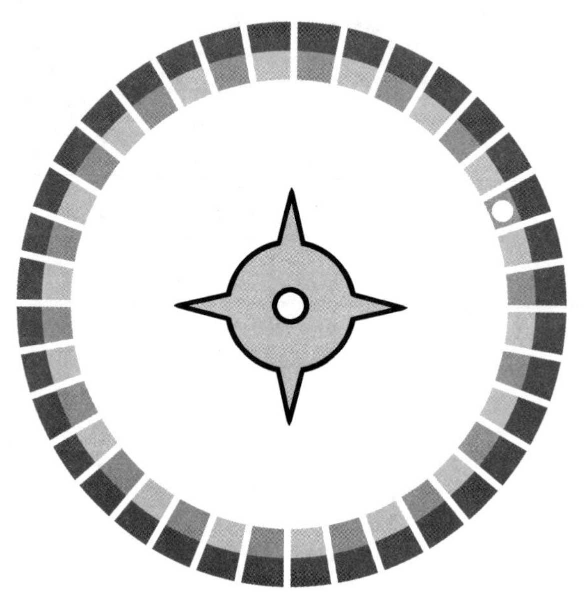

各位，我正在玩轮盘赌。如你们所见，盘上共有 36 个小槽，分别标着 1—36 的号码，而刚才盘上的小球幸运地停在了我选的数字上。这个数是个奇数，它能被 3 整除。如果把组成该数的数字相加或相乘，得数都在 4—8 之间。

您能猜出我的幸运数字吗？

答案编号 39

加薪的诱惑

某公司为鼓励职工生产，向工会代表提供了两个加薪方案，要求他从中选择一个。

第一种方案是12个月后，在年薪20000元的基础上每年提高500元。

第二种方案是6个月后，在半年薪10000元的基础上每半年提高125元。

但不管是选哪一种方案，公司都是每半年发一次工资。

您觉得工会代表向职工推荐哪一种方案更合适？

答案编号 40

有章可循

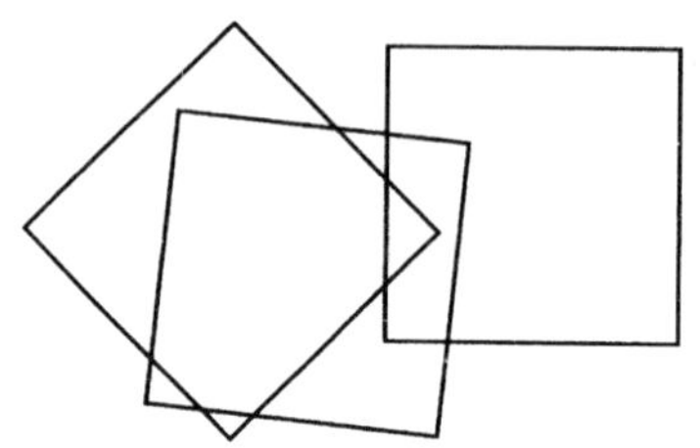

在下列四个备选图形中，除了都是三个正方形的组合外，只有一个图形有和上方样图一样的特征。请试着找出该特征，并选出符合该特征的图形。

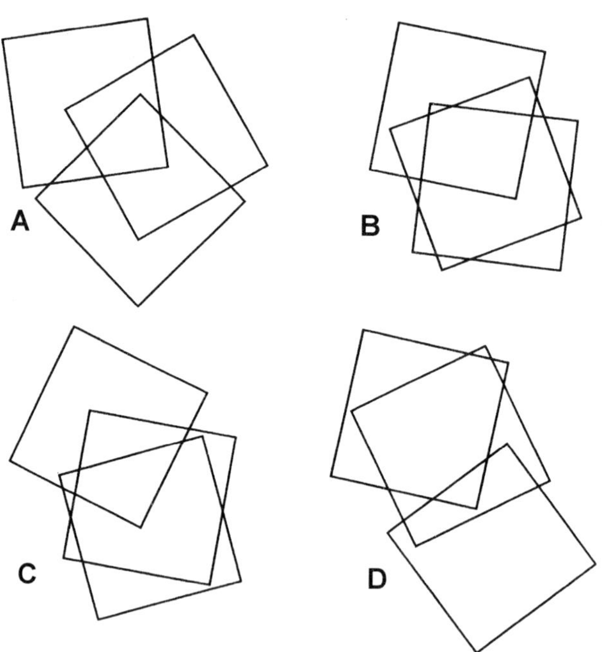

答案编号 41

酒桶鉴酒师

一位葡萄酒商有六只酒桶，容量分别为 30 升、32 升、36 升、38 升、40 升和 62 升。

其中五桶装着葡萄酒，一桶装着啤酒。第一位顾客买走了两桶葡萄酒；第二位顾客买走的葡萄酒是第一位顾客的两倍。请问，哪一只桶是装啤酒的？

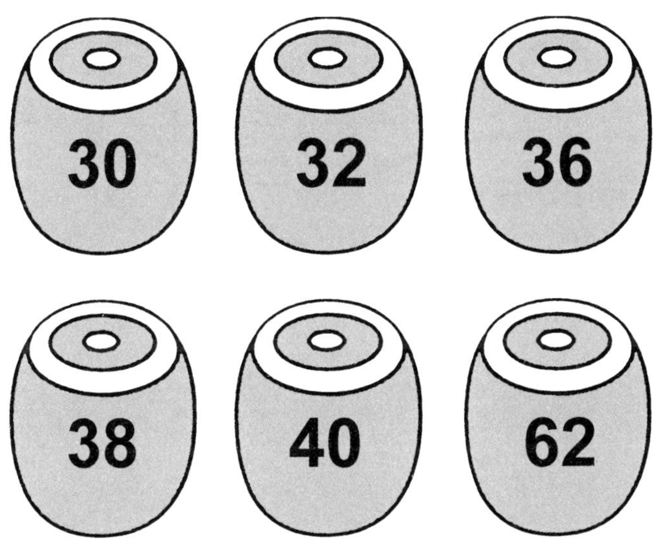

答案编号 42

圆桌会议

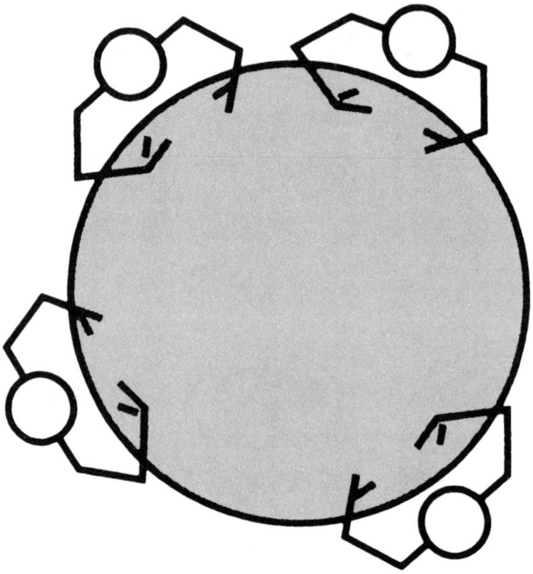

如图所示，会议开始前已有四人入座了。请您选择一个地方坐下，但您坐的地方要求沿桌子边缘到那四个人的距离总和最大。

答案编号 43

数字定位

	14	10	7
9	6		4
16		13	11
12	8	5	15

在您看到的这个 4×4 的方格中，我们预先填入了 4—16 这 13 个数字。尽管它们看似随机分布，实际却遵循着两条简单的规则。请先找出规则，然后把剩下的 1、2、3 三个数字正确填入方格中。

答案编号 44

选课时间

三个大学生安妮、贝斯和凯迪丝，每人都要选四门课。已知在物理、代数、英语、历史、法语和日语这六门课中，每门课都有两个人选。

安妮：“如果我选了代数，那也一定会选历史。

“如果我选了历史，就不选英语。

“如果我选了英语，就不选日语。”

凯迪丝：“如果我选了法语，就不选代数。

“如果我不选代数，就会选日语。

“如果我选了日语，就不选英语。”

贝斯：“如果我选了英语，那也一定会选日语。

“如果我选了日语，就不选代数。

“如果我选了代数，就不选法语。”

您知道她们每个人选的课吗？

	安妮	贝斯	凯迪丝
物理			
代数			
英语			
历史			
法语			
日语			

答案编号 45

名不副实

“马车夫”先生、“管家”先生、“牧羊人”先生和“猎手”先生一起去应聘马车夫、管家、牧羊人和猎手这四份工作，结果没有一个人得到的工作和他的名字相关。找到工作后，他们各说了一句话：

1. “马车夫”先生去当猎手了。
2. “牧羊人”先生被聘为马车夫。
3. “管家”先生没有当猎手。
4. “猎手”先生没有被聘为管家。

按照他们所说的，“管家”先生应该得到了管家的工作，但这显然不对。已知四句话里有三句是假的，请问最后谁当了牧羊人？

答案编号 46

名不随姓

三位分别姓彼得斯、爱德华兹和罗伯茨的先生正在打高尔夫球。打到一半时，彼得斯先生突然说他才发现他们三人的名字居然也很巧的是彼得、爱德华与罗伯特。“是啊，”另一个人紧随其后，“我早就发现了，但我们当中没有一人的姓和他的名字是一样的。就拿我来说，我的名字叫罗伯特。”

这三位球手的全名是怎样的呢？

答案编号 47

码头钓鱼人

五个正在沿海旅馆度假的人决定去码头钓鱼。他们在码头毗邻而坐，每人用的是不同的鱼饵，钓得的鱼的数量也不同。

已知：

1. 水管工人亨利比狄克少钓一条鱼。
2. 电工坐在银行家的旁边，用面包作鱼饵。
3. 坐在码头最北端的是银行家，他的旁边坐着佛瑞德。
4. 推销员坐在最南端，他只钓到了一条鱼。
5. 马尔科姆用玉米粒做鱼饵，五人中有个奥兰多人钓了十五条鱼。
6. 纽约人用小虾做鱼饵，他就坐在那个只钓到一条鱼的人旁边。
7. 乔来自洛杉矶，他用蚯蚓做鱼饵。
8. 坐在五人中间的人来自图森，他用蛆做鱼饵。
9. 银行家钓了六条鱼。
10. 狄克坐在五人中间，他与来自圣路易的人间隔着一个座位。
11. 纽约人旁边坐着一位教授，他钓了十条鱼。
12. 亨利没有坐在乔旁边。

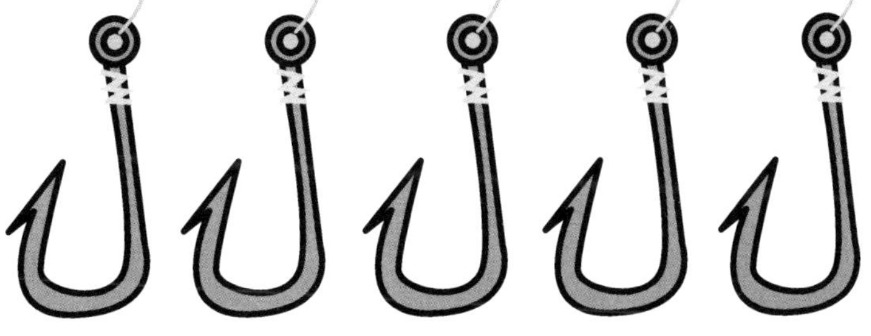

请您确认那五个人分别来自哪里，他们各自的职业、所用的鱼饵，以及钓到的鱼的数量。

北　　　　码头　　　　南

姓名					
职业					
来自（城市）					
鱼饵					
鱼数					

答案编号 48

啤酒爱好者

一个男子能在 27 天内喝完一桶啤酒，一个女子则需 54 天。

假设他们现在以各自的速度开始喝同一桶酒，请问喝完那桶酒得用多少天？

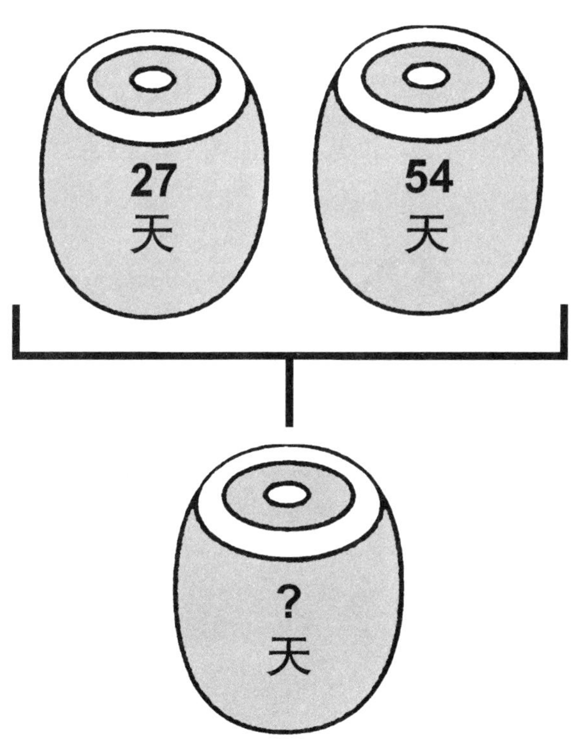

答案编号 49

胜者赢钱?

比尔和吉姆在玩斯诺克。玩到一半时，比尔说道："我们接下来的每一盘都赌点钱如何？再玩 10 盘，每盘的赌金以你口袋里的一半钱为准。你现在有 8 美元，那我们第一盘就赌 4 美元。谁赢了，对手就得掏钱。根据规则，第二盘开始你要么有 12 美元，要么就是 4 美元。那样的话，我们第二盘不是赌 6 美元就是赌 2 美元，以此类推……"

吉姆答应了比尔的条件。10 局过后，比尔 4 胜 6 负。但吉姆发现他口袋里只剩了 5.70 美元，也就是说他输了 2.30 美元。这怎么可能?

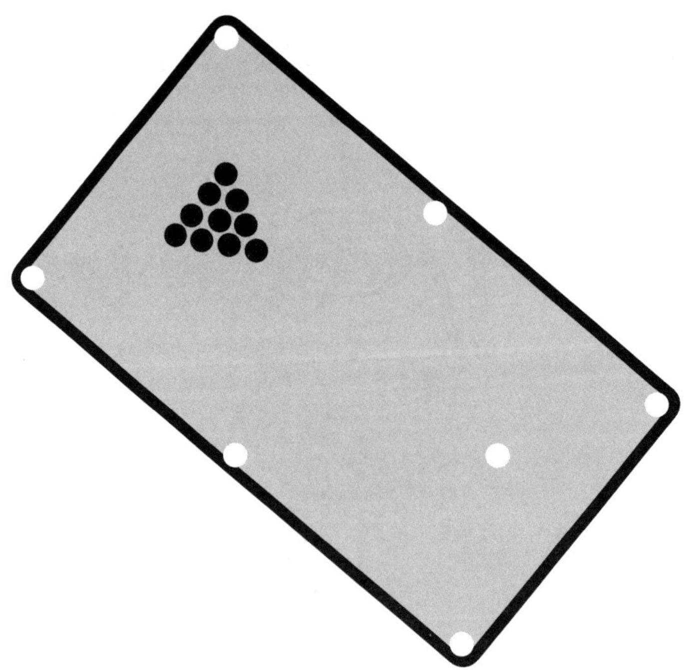

答案编号 50

快乐教学

在一所中学里，每名学生都有自己中意的理论知识课与体育课。现从五个班中随机抽出五名女生，已知：

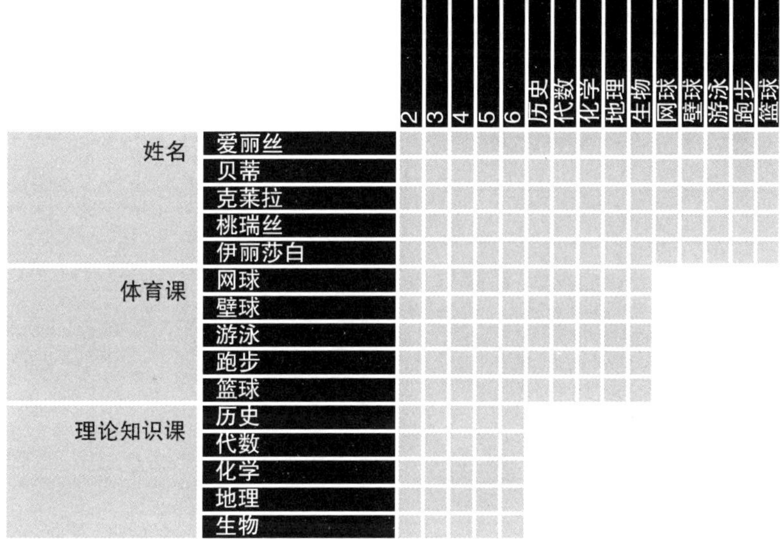

1. 喜欢壁球课的女生还喜欢代数课，不过她不在五班。
2. 桃瑞丝在三班，而贝蒂喜欢跑步课。
3. 喜欢跑步课的女生在二班。
4. 喜欢游泳课的女生在四班，另外伊丽莎白喜欢上化学课。
5. 爱丽丝在六班，她喜欢壁球课，但讨厌地理课。

6. 喜欢化学课的女生也喜欢篮球课。
7. 喜欢生物课的女生也喜欢跑步课。
8. 克莱拉喜欢历史课，但不喜欢网球课。

请按下表填出哪个班的哪个女生喜欢什么理论知识课和什么体育课。

姓名	班级	理论知识课	体育课

答案编号 51

空间夹角

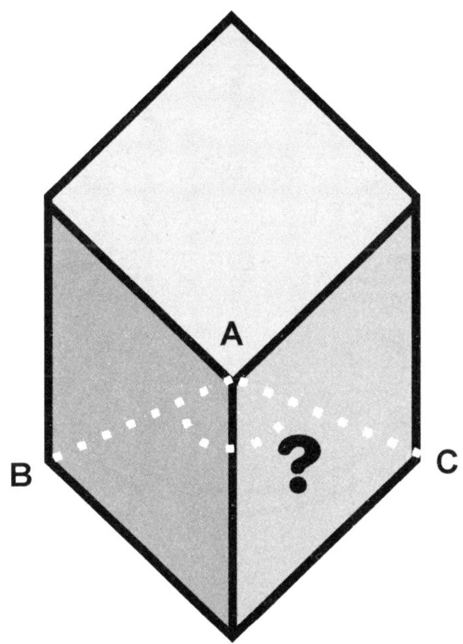

如图所示，在立方体的两个面上画出了两条对角线。请试着用您的空间想象力算出对角线 AB 和 AC 间的夹角是多少度？

答案编号 52

钟面拼图

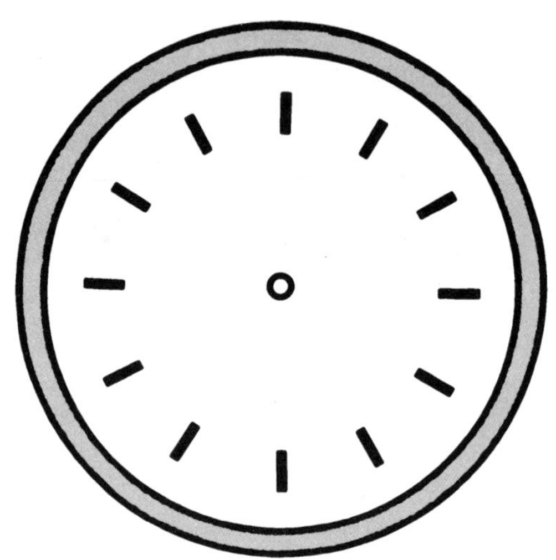

墙上的挂钟掉在地上，摔成了三片。巧的是每一块碎片上的数字总和都相等。您能猜出每块碎片上的数字吗？

答案编号 53

提前下班后

一位女士通常在 5:30 下班，然后去超市购物。买完东西她能赶上 6:00 的列车。列车开到她家所在的车站需要半个小时。而她的丈夫每天从家出发开车去车站接她回家。两人约好 6:30 在车站见面，也就是说那位女士的丈夫在她刚下车的同时也正好到达车站。

一天该女士提前 5 分钟下班。她没有去超市，而是径直走到了车站，恰好乘上了 5:30 的列车，这样才 6:00 的时候，她就到站了。由于她丈夫还是按往常的时间出发，所以不可能在车站碰面。那位女士便开始步行回家。途中遇见她丈夫后，两人再一起坐上了车。结果那天的到家时间比平时早了 10 分钟。

假设每班列车都准时到站、准时出发，求那位女士在遇见她丈夫前已经走了多少时间？

答案编号 54

慧眼识错1

图中九个编号为1A—3C的正方形是由与之分别对应的上方及左侧的模板A、B、C、1、2、3叠合而成的，例如：正方形2B是由它左边的模板2和上方的模板B叠合在一起形成的。

已知九个正方形中有一个在叠合时出了错，您知道是哪一个吗？

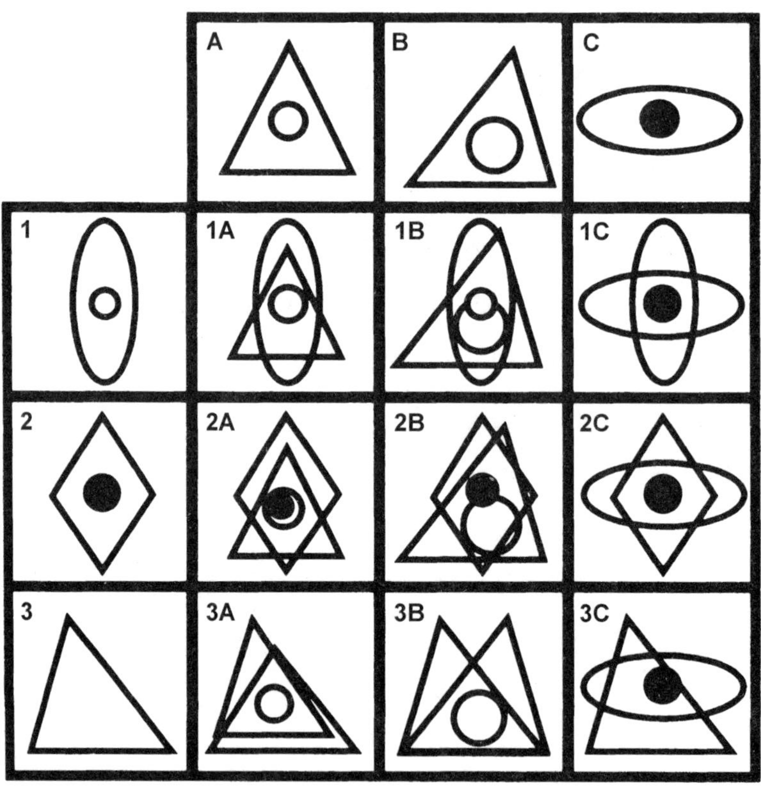

答案编号 55

父女情深

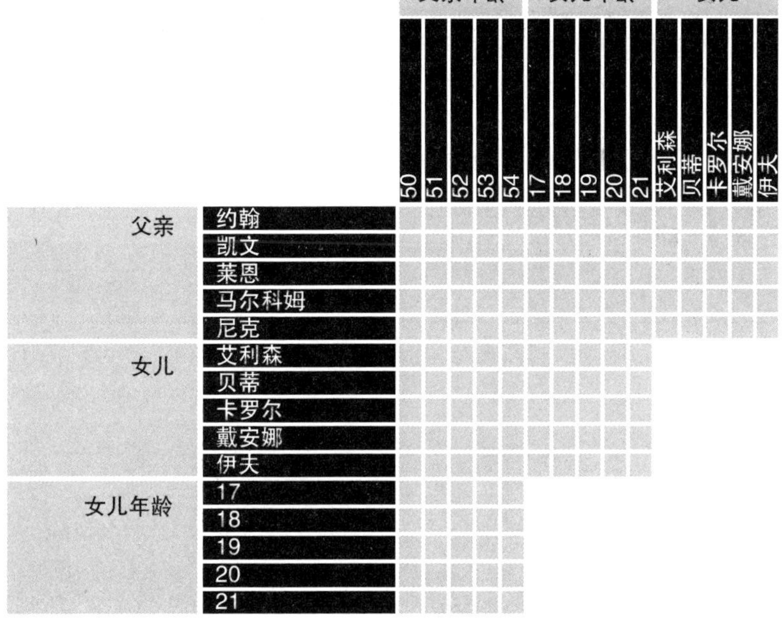

五个女儿邀请各自的父亲参加了一场晚会，他们玩得很愉快。已知：

1. 约翰 52 岁了，他女儿不是伊夫。
2. 莱恩的女儿 21 岁，而贝蒂比伊夫大 3 岁。
3. 凯文 53 岁，戴安娜 19 岁。
4. 伊夫 18 岁，尼克的女儿是卡罗尔。
5. 艾利森 20 岁，她的父亲是约翰。
6. 凯文的女儿 19 岁，伊夫的父亲是马尔科姆。

7. 马尔科姆比尼克大3岁。

请根据已知信息填写下表。

父亲	女儿	父亲年龄	女儿年龄

答案编号 56

年龄算术题

格雷厄姆和弗雷德里克是两兄弟。哥哥弗雷德里克的年龄是弟弟格雷厄姆的三倍。弗雷德里克年龄的平方数正好是弟弟年龄的立方数。如果将他们的岁数相减，答案等于他们家门前的台阶数，相加则等于门前篱笆的木栅栏条数，相乘则是他们家前墙的砖块数。再把上述的台阶数、木栅栏条数和砖块数相加，答案等于297，正好是他们家的门牌号。

请问这两兄弟的年龄各是多少？

答案编号 57

线条的逻辑

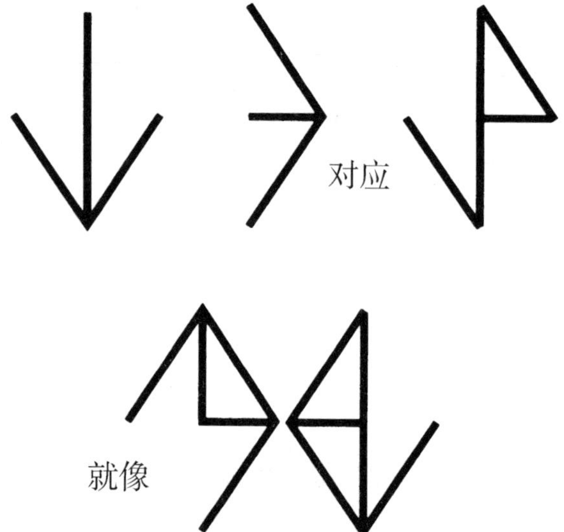

对应 A、B、C、D、E 中的哪一项？

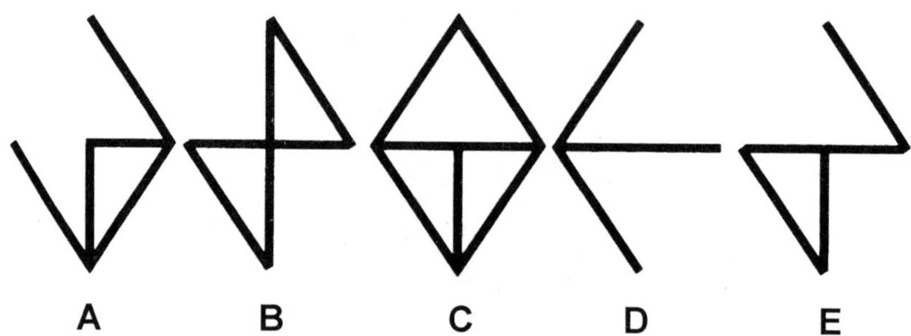

答案编号 58

公平的分配

将下图进行分割，要求分割后的图形形状对应，包含的三角形数也一样。请问最少只需分几次，怎么分？

答案编号 59

不速之客1

下列圆形图案哪一个与众不同?

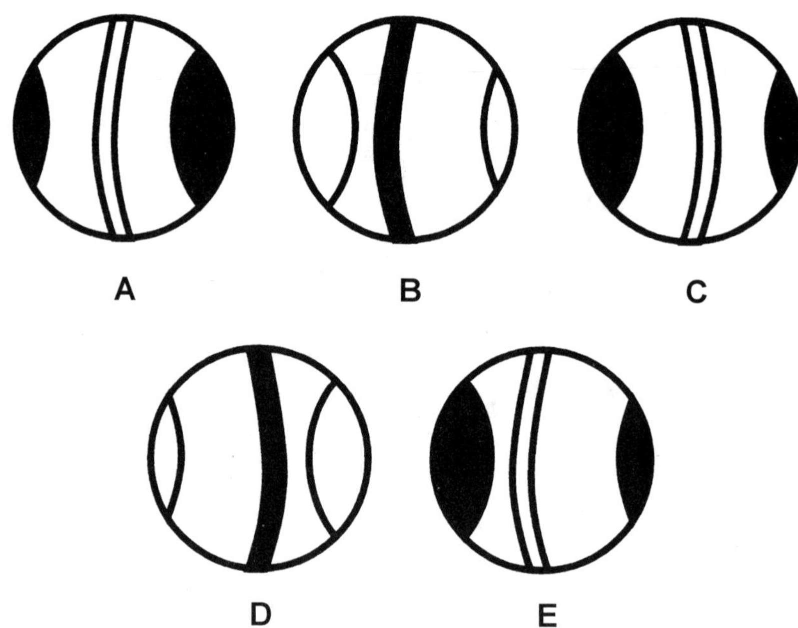

答案编号 60

对号入座2

四对夫妇结伴去看演出。他们坐在同一排，但是没有一对夫妇是挨着坐的，有一男一女各坐左右两端。已知他们的姓氏分别是安德鲁斯、巴科尔、柯林斯和邓洛普。

1. 邓洛普夫人和安德鲁斯先生中有一人坐在最旁边的位子上。
2. 柯林斯夫妇的中间坐着安德鲁斯先生。
3. 柯林斯先生和邓洛普夫人间隔了一个座位。
4. 柯林斯夫人坐在巴科尔夫妇间。
5. 安德鲁斯夫人坐在一端的倒数第二个座位。
6. 邓洛普先生和安德鲁斯先生间也隔了一个座。
7. 柯林斯夫人离右端更近一点。

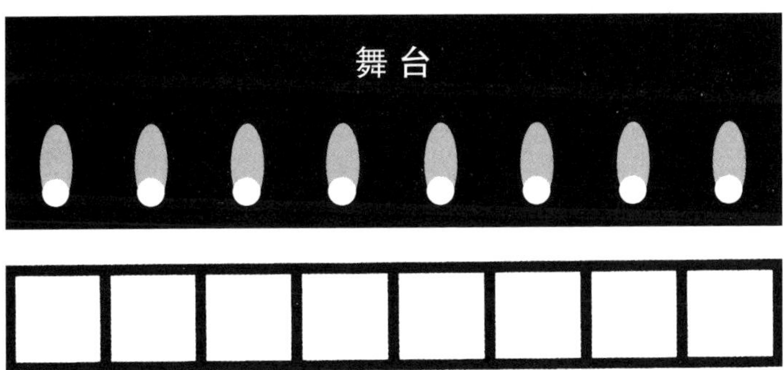

请排出这八人的座位表。

答案编号 61

向海员致敬

五艘军舰停在五座不同的港口，舰上各有一名海员，他们的军衔或职位都不一样。

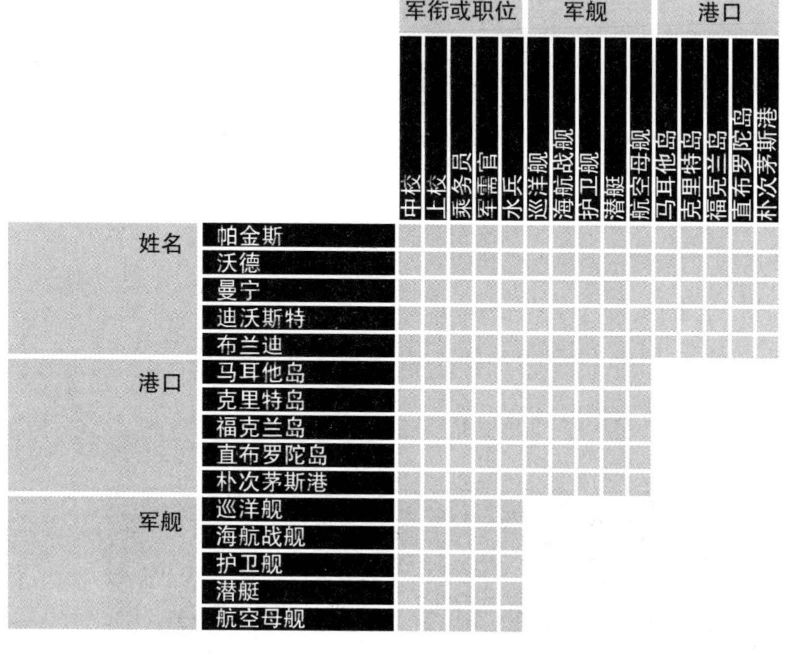

已知：

1. 曼宁的船在福克兰岛，迪沃斯特是军需官。
2. 布兰迪在海航战舰上，军需官不在巡洋舰上。
3. 帕金斯在航空母舰上，沃德的船在朴次茅斯港。
4. 中校的船在福克兰岛，曼宁在潜艇上。
5. 海航战舰停在克里特岛，帕金斯的船在马耳他岛。
6. 护卫舰停在直布罗陀岛，乘务员的船停在马耳他岛。

7. 布兰迪是上校，水兵不在护卫舰上。

请根据上述信息填写下表。

姓名	军衔或职位	军舰	港口

答案编号 62

与众不同的出列

下列六幅图哪一幅与众不同？

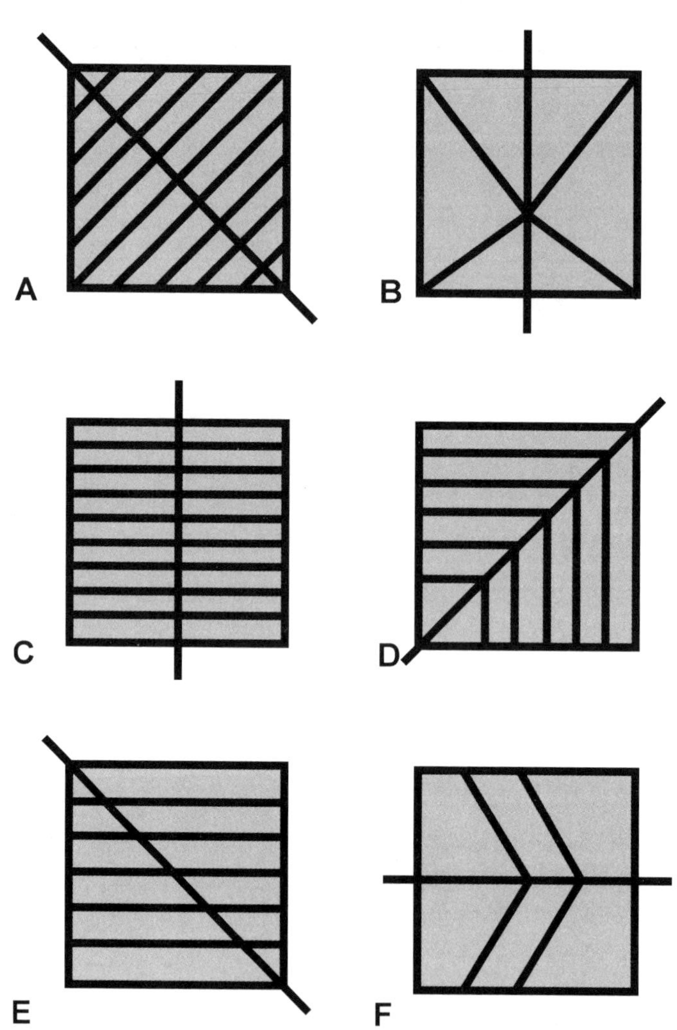

答案编号 63

百老汇的公交车

在纽约的百老汇街头，有人看见一种新型车（如图所示）。由于当时车是静止的，所以他无法判断车往哪个方向开。您能判断吗？

答案编号 64

暗藏玄机的大钟

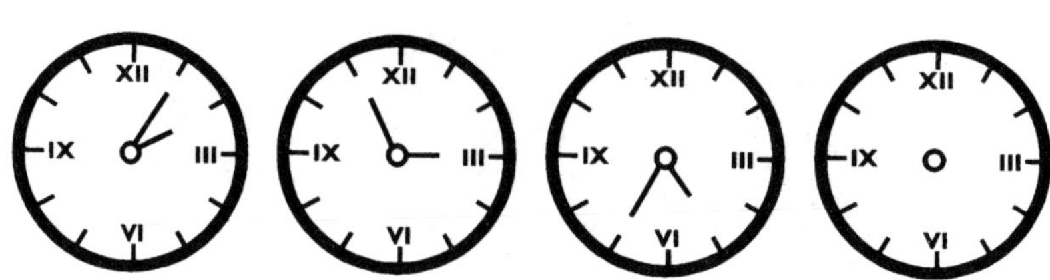

这些大钟指示的时间暗含着某种规律。您能找出递变规律，并指出第四面大钟显示的时间应该是下列四个选项中的哪一个吗？

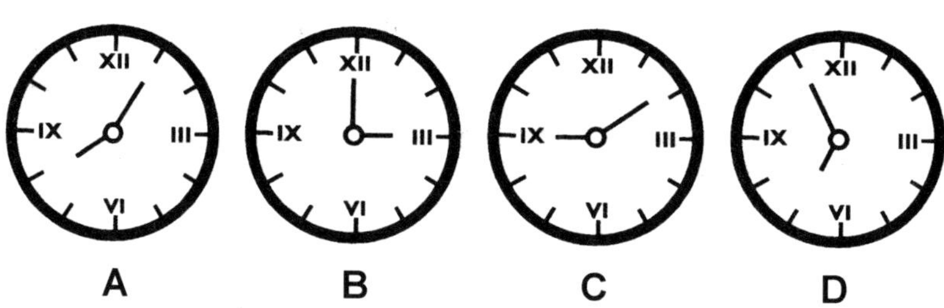

答案编号 65

转圈圈

一位女士的花园里有一条宽 2 米的林荫道，道路两旁都用篱笆围着。沿着林荫道螺旋前进可以走到花园的中央。有天该女士来到花园散步，顺着林荫道走到了园子的中间。现在我们忽略篱笆的宽度，并假设那位女士散步时始终走在林荫道的中央，请问她走了多少米？

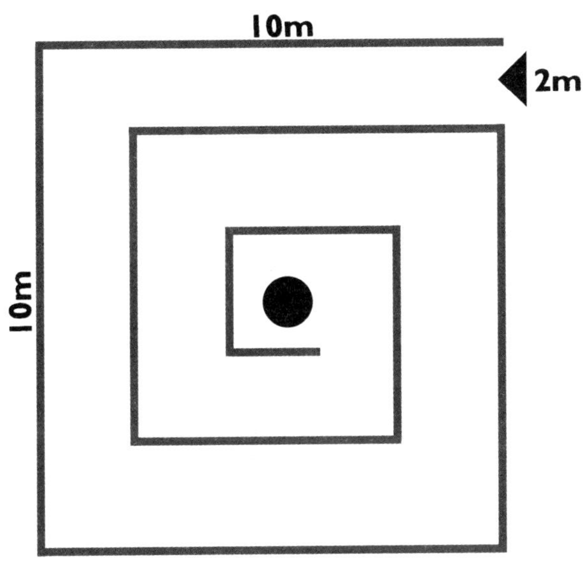

答案编号 66

来复枪打靶

三位军人“番茄汁”上校、“芥末泥”少校和“酸辣酱”上尉在打靶场进行一场来复枪射击比赛。结果如下图所示，三位军人每人各打了六枪，都得到 71 环的成绩。已知上校的首两枪得到 22 环；少校的第一枪只得了 3 环。

您能根据这些信息推断出是谁射中了靶心吗？

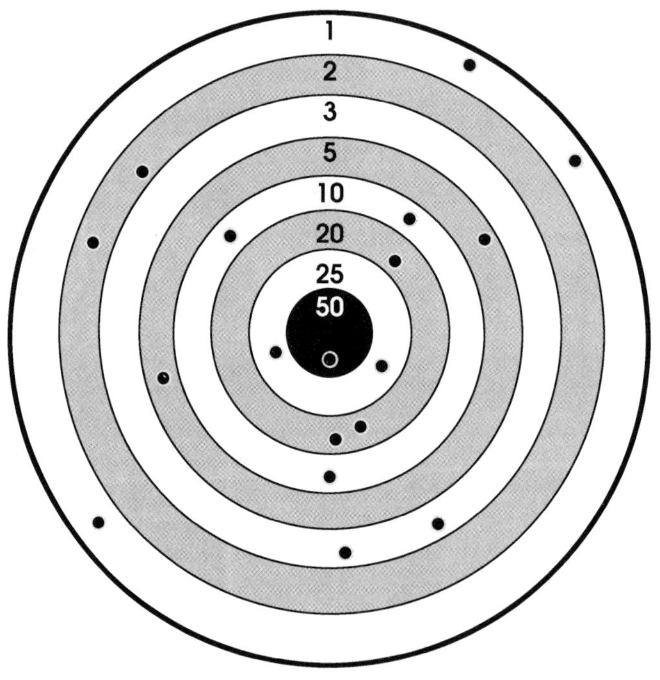

答案编号 67

丢失的数字1

74882	3584	
29637		192
74826		

在上面三行数字中都有空缺存在。但是我们可以从第一行中读出这些数字间的某种内在联系，而且这种联系对其他两行也都适用。所以空缺中的数字不难填出。

现在来试试填写下图吧！

528	116	
793		335
821		

答案编号 68

手枪交易

波利·比尔和戴蒙·丹是做肉牛生意的。一天他们决定将手头养着的牛卖掉，改做羊毛生意。于是两人将牛群拉到集市上，以这群牛的总数作为每头牛的单价开卖。卖完牛后，他们用赚到的钱以每头10美元的价格买下了很多绵羊，最后剩下的零钱因为买不起一只绵羊，就买了一只山羊。

在回去的路上，两人急不可耐地开始平分他们今天的收获。当分到最后一只绵羊时，比尔说绵羊归他，山羊可以给丹。丹觉得不公平，因为绵羊比山羊贵。

比尔考虑了一下，说道："那好吧，我把我的左轮手枪也给你作为补偿。"

据此您能否推断出一把左轮手枪值多少钱？

答案编号 69

黑白球

这是一道只需运用逻辑推理就可以解决的概率问题。

有两只袋子，里面都装有八只球，其中四只是白色，四只是黑色。现在，分别从两只袋子中各取出一只球。请问，取出的球中，至少有一只是黑球的概率是多大？

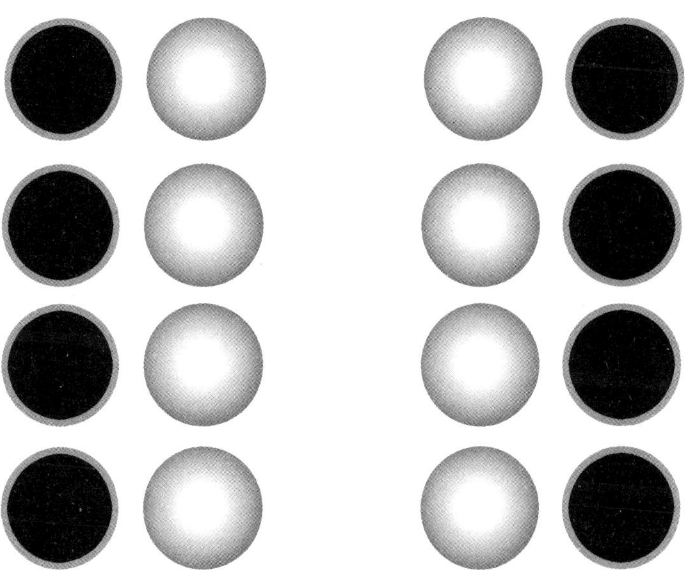

答案编号 70

择友篇2

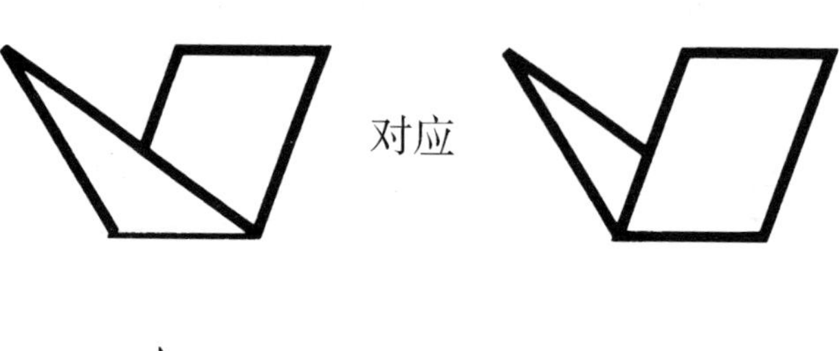

就像 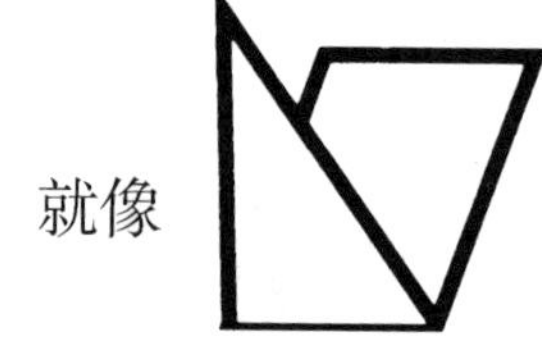 对应 A、B、C、D 中的哪一项？

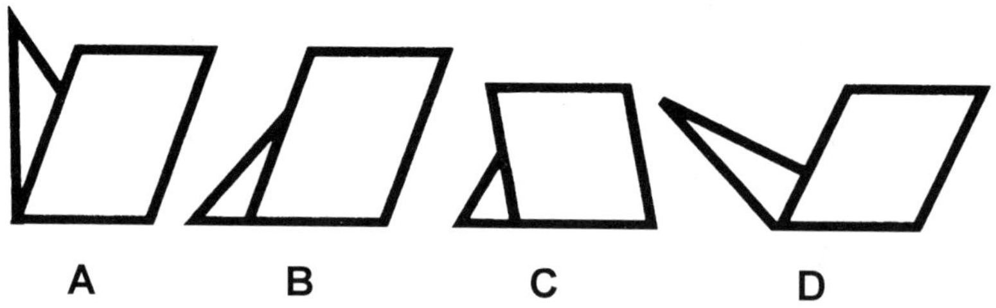

答案编号 71

骰子谜题

下面的六只六面骰子哪一只不能由下方的平面图折叠而成?

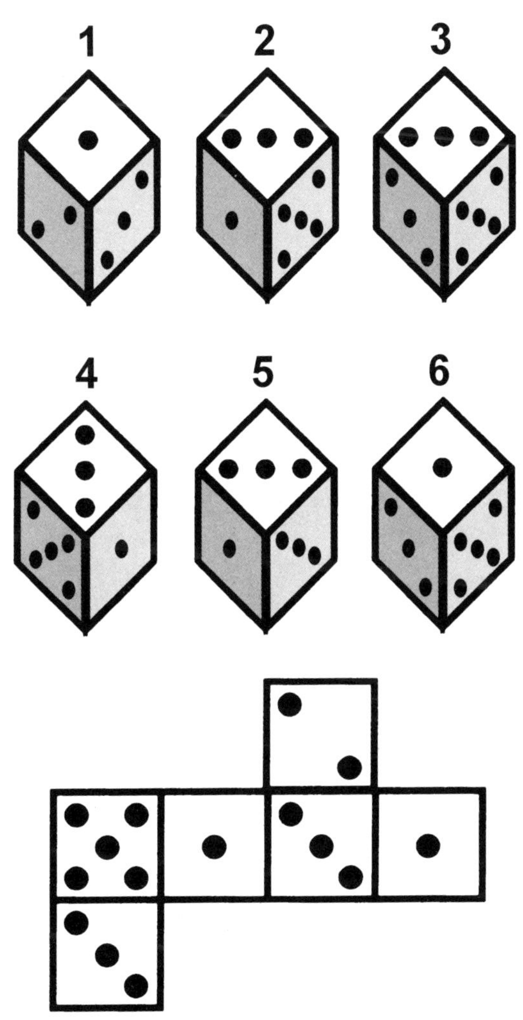

答案编号 72

鸽子运输车

一位司机驾车来到一座桥前。他注意到，要过此桥，车的最大重量不能超过 20 吨。而自己的卡车净重就已达 20 吨，何况车里还运载着 200 只平均重量为 450 克的鸽子。这位司机灵机一动，把车停下后，用力地敲打车子一边的钢板，尽量把那些正在车内栖木上憩息的鸽子吵醒，让它们在车厢内飞来飞去，然后放心地回到车上准备过桥。

您认为他这样做行得通吗?

答案编号 73

变化中的变化

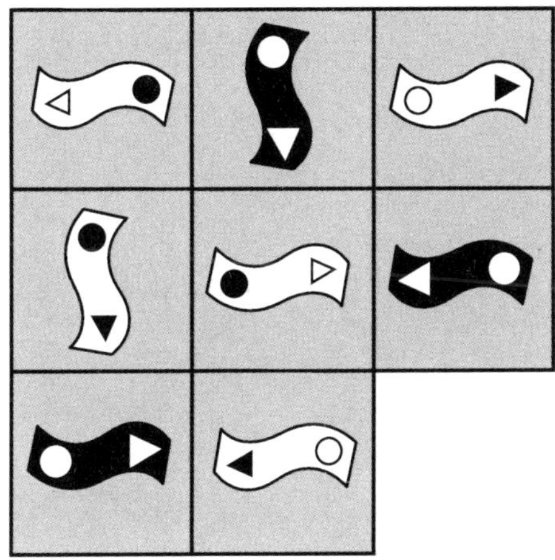

看清每行和每列图形的不同排列。缺失的那个正方形应该是下列八个选项中的哪一个？

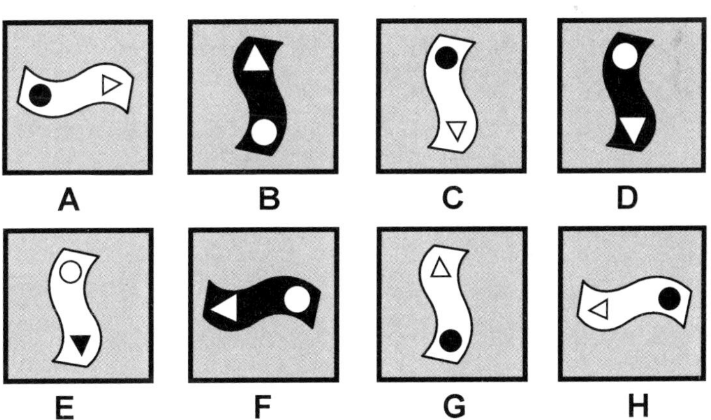

答案编号 74

走街串巷

这座城市的新街区建在了两条主干道 A 和 B 之间。街区的样式是仿纽约曼哈顿的网格式。现在我要从 A 走到 B，有多少条路线可以选择？

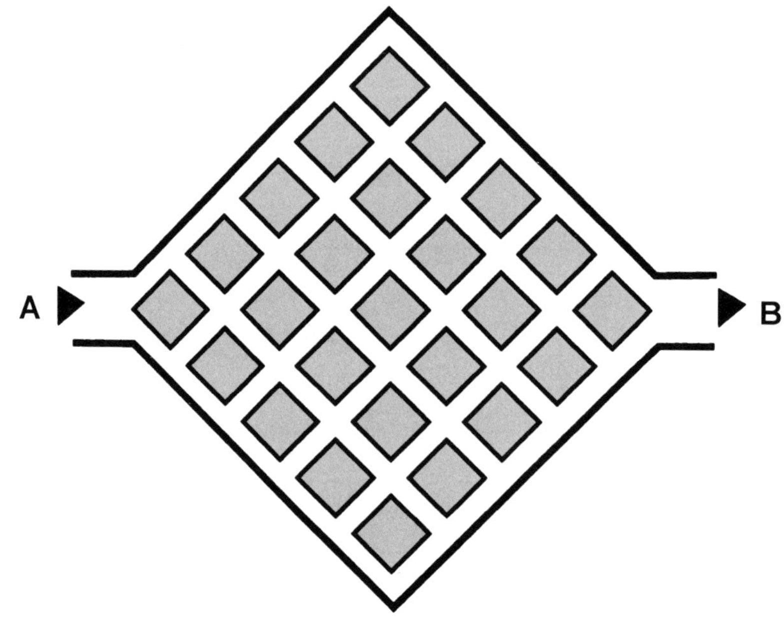

答案编号 75

丢失的数字2

6	4	7	8	3	7
8	2	5	1	5	6
3		8	6	4	8
8	6	5	3	7	6
5	4	7			5
	8	6	4	7	8

这些数字是按某一特定规律排列的。请先找出规律，然后填出空格里的数字。

答案编号 76

门牌号的小游戏

帕特里克和布鲁斯刚完成了 4761 号别墅的大门安装，现在只差把门牌号钉上去了。因为两人同为门萨俱乐部成员，即使在工作时，帕特里克还是忍不住向布鲁斯出了一道难题：他能否将门牌号钉成一个不能被 9 整除的四位数？布鲁斯成功地解决了这个问题，然后反问帕特里克能否将门牌号钉成一个不能被 3 整除的四位数。

如果是您，您会怎么回答这两个问题？

答案编号 77

“瞻”星术

请您以图中星星的原有比例，在这幅图中画一颗最大的星星。要求线条不能和其他星星接触，也不能超出长方形。

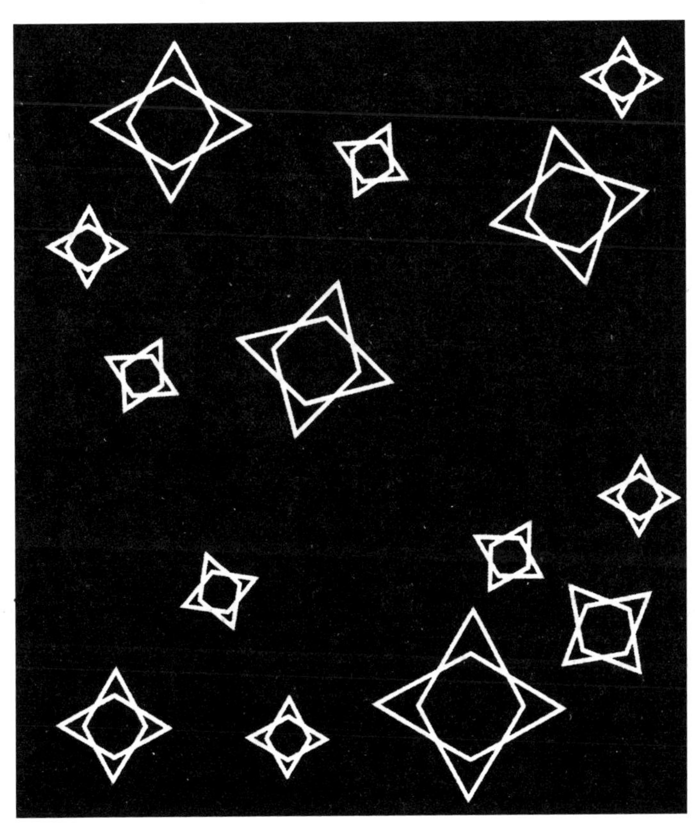

答案编号 78

摩天楼里的麻烦

一位女士住在36层高楼里，楼内有几部可供每一层住户使用的电梯。每天早上，这位女士都会在自己所住的那层搭乘电梯下楼。但是无论她乘哪一部，电梯向上的概率都是向下概率的三倍，这是为什么？

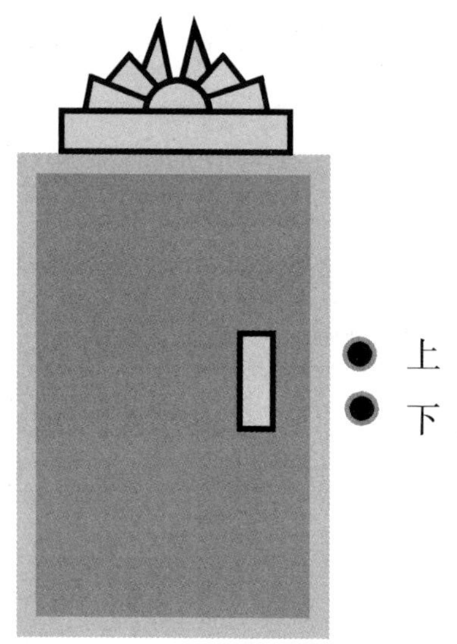

答案编号 79

缺了什么

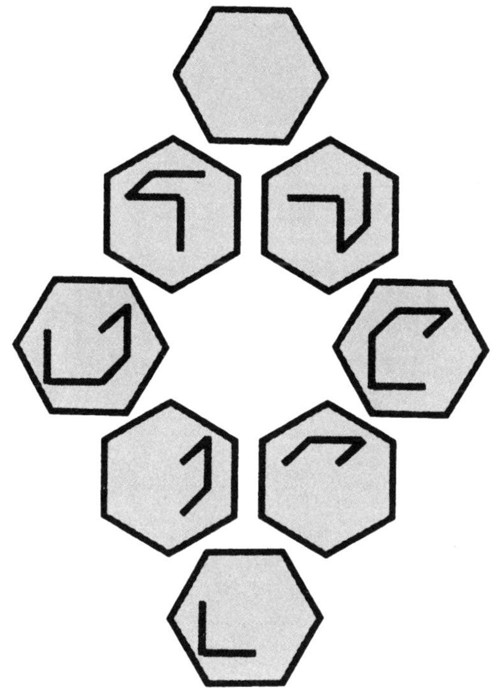

请问上方六边形中缺少的图案应该是下列四个选项中的哪一个？

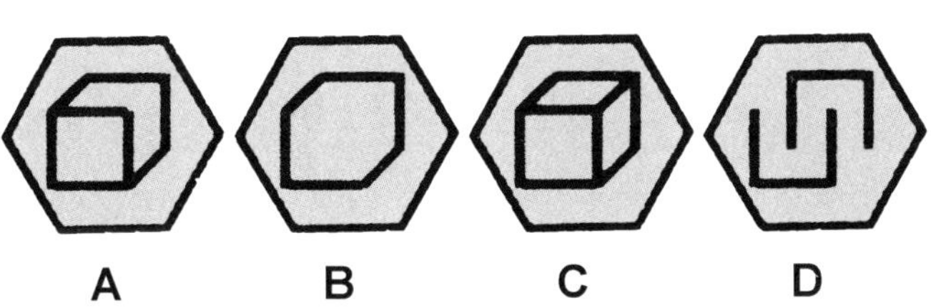

答案编号 80

“水位”测量

一个敞口的正方体容器放在桌上，里面装了些水。两人正在讨论，如何在不让水流出的情况下，不求助于任何测量工具，就能准确判断出容器是否半满。

您能给他们一些建议吗？

答案编号 81

招待员的逻辑

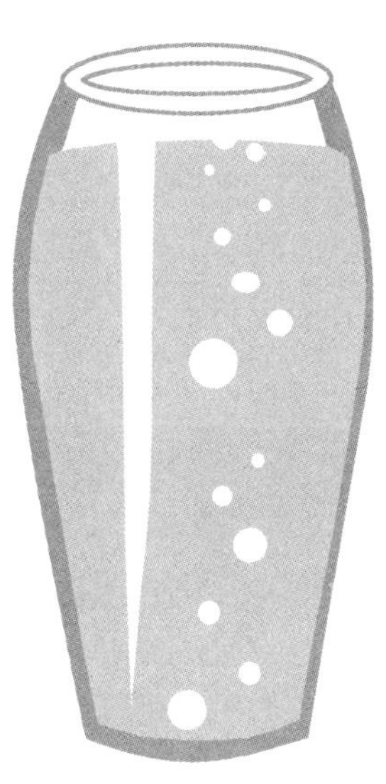

在纽约的一家酒吧里，一个男人向招待员要啤酒。“普通的还是烈性的？”招待员问道。男人便询问两种酒价钱各是多少。招待员回答：“普通的 90 美分一杯；烈性的 1 美元一杯。”于是那男人给了招待员 1 美元，要了一杯烈性酒。

过了一会儿，又有一人来到吧台，也是要啤酒的。他往吧台上放了 1 美元，招待员一句话也没问，直接给了他一杯烈性酒。

请问招待员为什么可以这么做？

答案编号 82

金字塔阵1

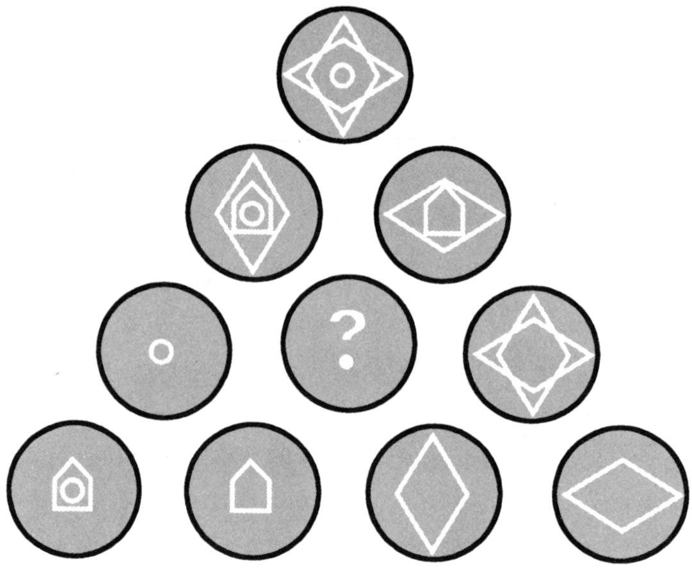

根据金字塔阵中的图形规律，问号处的图形应是下列五个选项中的哪一个？

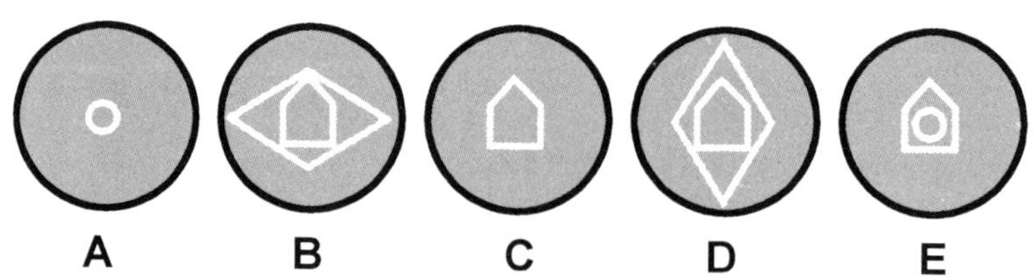

答案编号 83

滑雪缆车

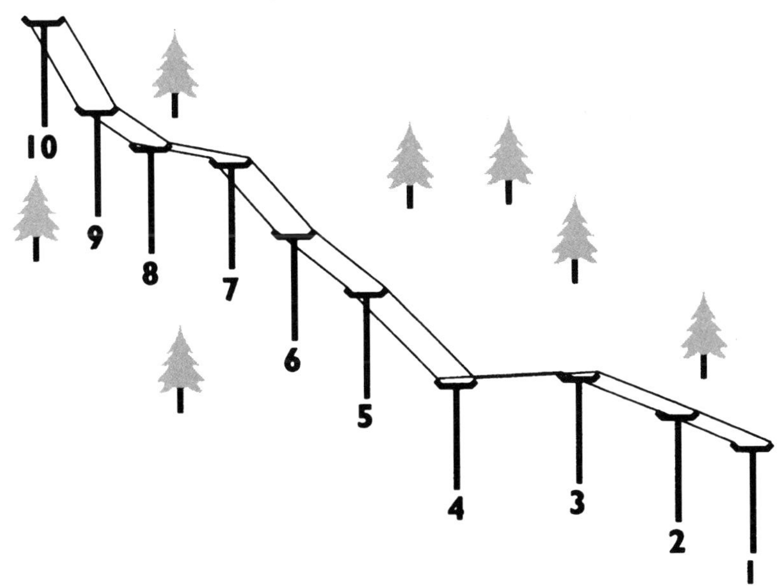

在一座雪山上共设了十个站供坐缆车的游客上下。无论在哪一站，人们都可以买到去其他任何站的缆车票。假定票全是单程的，而且不同的路线使用不同的票，请问一共需要多少种缆车票才能满足所有路线的需要？

答案编号 84

万花筒1

根据上方镜筒内图案的递变规律，找出下一幅图应该是A、B、C、D、E中的哪一幅？

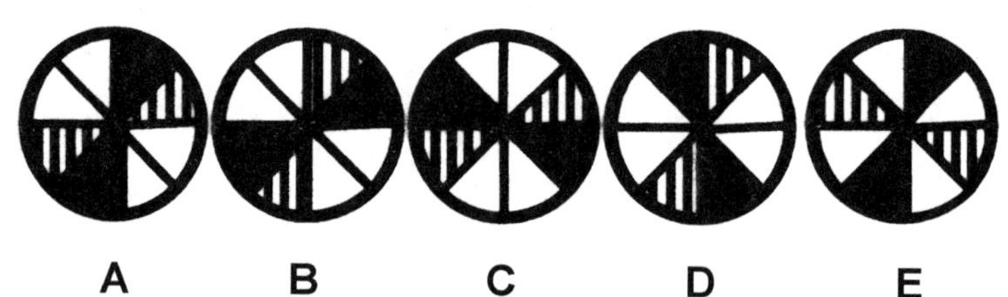

答案编号 85

闪动的方块

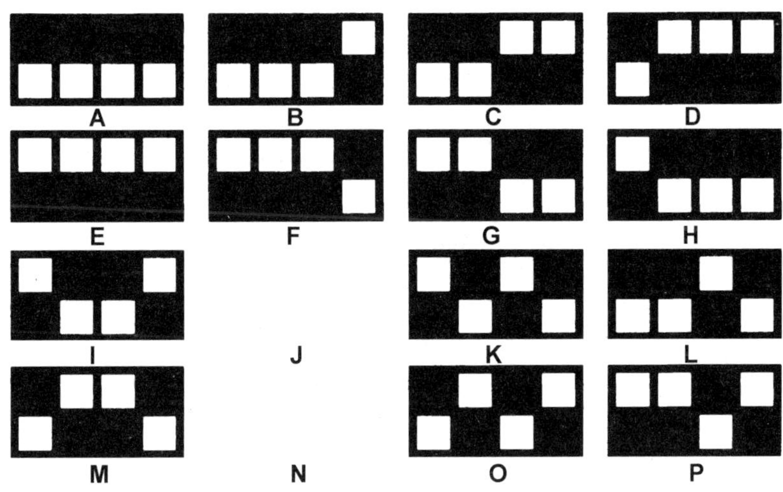

按字母顺序观察上图，根据您所发现的递变规律推测 J 和 N 处的图形是下列选项中的哪两个？

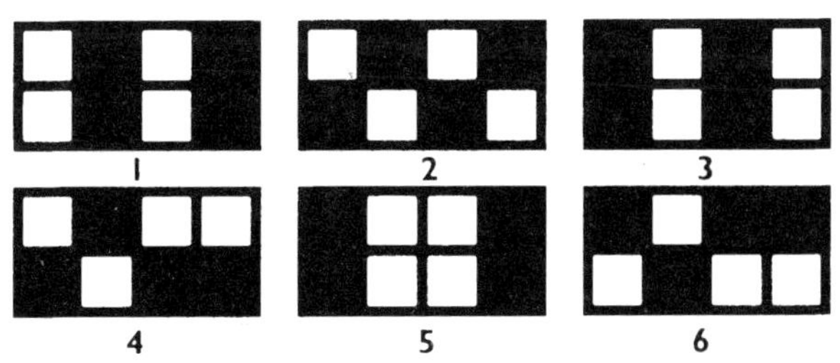

答案编号 86

金字塔阵2

根据金字塔阵中的图形规律，问号处的图形应是下列五个选项中的哪一个？

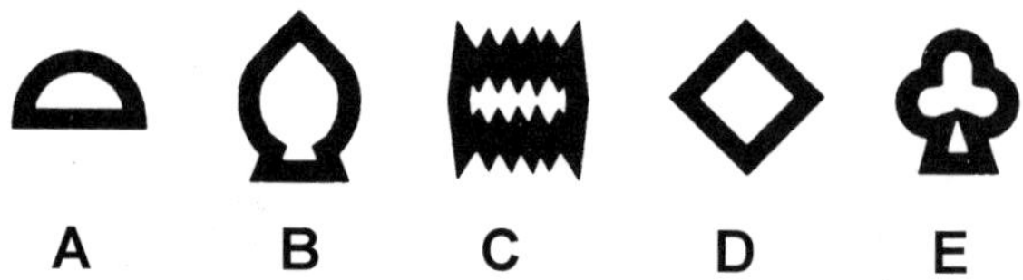

答案编号 87

数字拼图

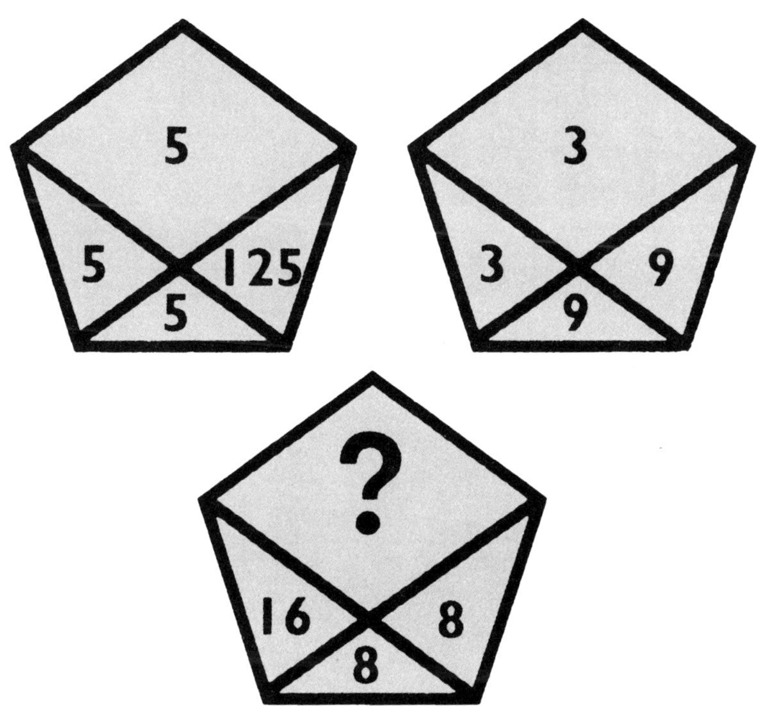

请问问号处应填入什么数字？

答案编号 88

日 光

在地球的某处有一座山谷。太阳到该山谷的距离随时间变化而变化。例如在当地正午时分的距离比在日出或日落时的距离短了 4800 公里还多。您能说出该山谷大致位于地球的哪里吗?

答案编号 89

孤家寡人

选出下列图形中与众不同的那一个。

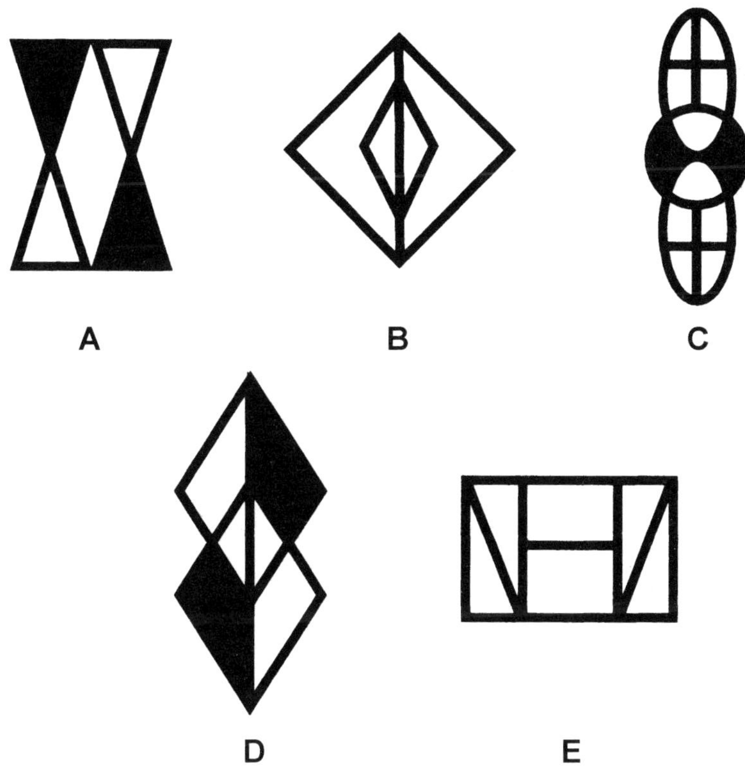

答案编号 90

刮刮卡

在游乐场中央正进行着一场趣味比赛，参加的方法是买一张刮刮卡。卡上有许多待刮开的小方格，其中一个方格背后印着“失败者”图案，还有两个印着“胜利者”图案，剩下的为空白。只要在没刮出“失败者”的情况下，刮出两个“胜利者”的图案，就算赢得了比赛。已知输赢的比率总是 2∶1，请问刮刮卡上得有多少个方格？

答案编号 91

猜数字

请问问号处应填入什么数字?

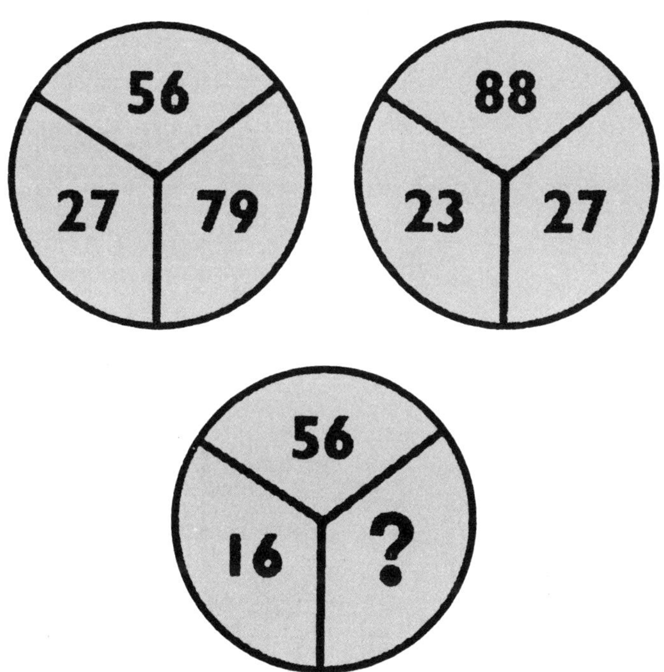

答案编号 92

晚餐会

安克里顿、黑泽尔、切斯特以及邓卡斯特四位先生携夫人一起参加了本年度的晚餐会。他们坐在同一桌（如图所示）。已知条件如下：

1. 只有一对夫妇不是毗邻而坐，但他们也不是面对面地坐着。
2. 坐在黑泽尔先生左边的男人也坐在安克里顿夫人的对面。
3. 坐在切斯特夫人左边的男人也坐在邓卡斯特先生的对面。

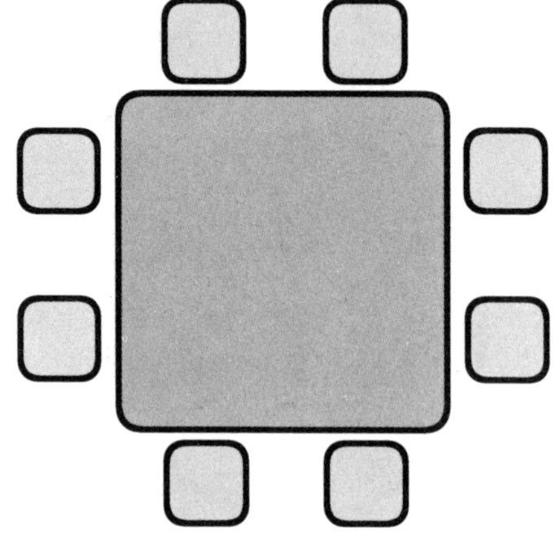

请问哪对夫妇不是毗邻而坐？

答案编号 93

慧眼识错2

图中九个编号为1A—3C的正方形是由与之分别对应的上方及左侧的模板A、B、C、1、2、3叠合而成的。已知九个正方形中有一个在叠合时出了错，您知道是哪一个吗？

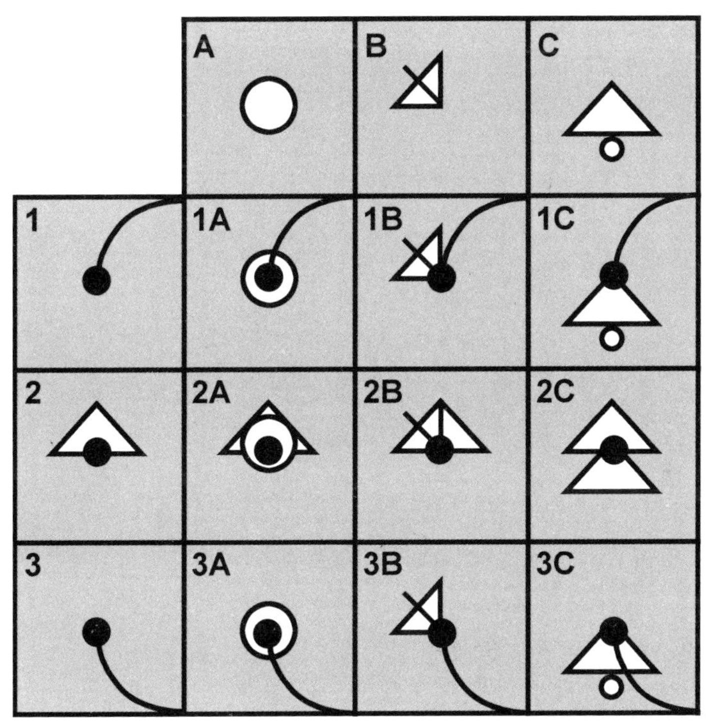

答案编号 94

年龄与代沟

我目前的年龄是女儿的四倍，再过 20 年则是她的两倍。请问我和我女儿现在的年龄各是多少？

答案编号 95

一分为二

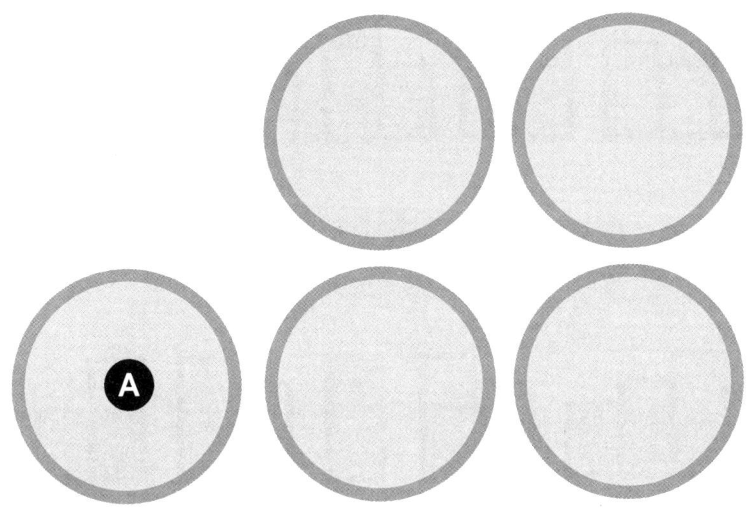

已知图中的五个圆直径相同，您能画一条过 A 点的线，将这五个圆分成面积相等的两部分吗？

答案编号 96

横向逻辑

观察上图，在下列五个选项中选出下一个应该出现的图形。

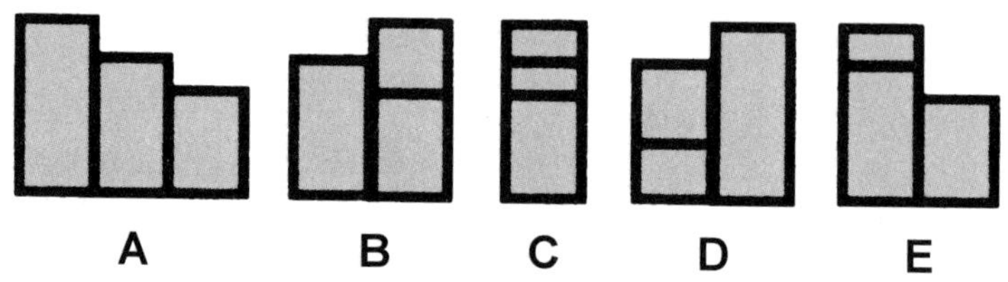

答案编号 97

带阴影的方形拼图

找出上面三幅图的递变规律，并回答下一个出现的方形拼图应该是A、B、C、D、E、F中的哪一个？

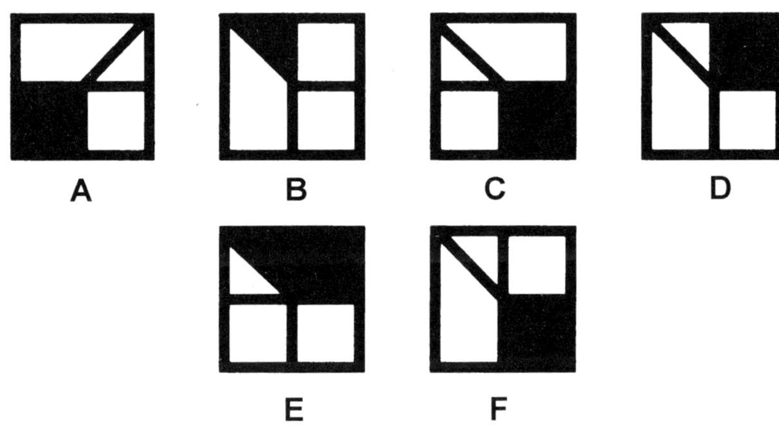

答案编号 98

数 列

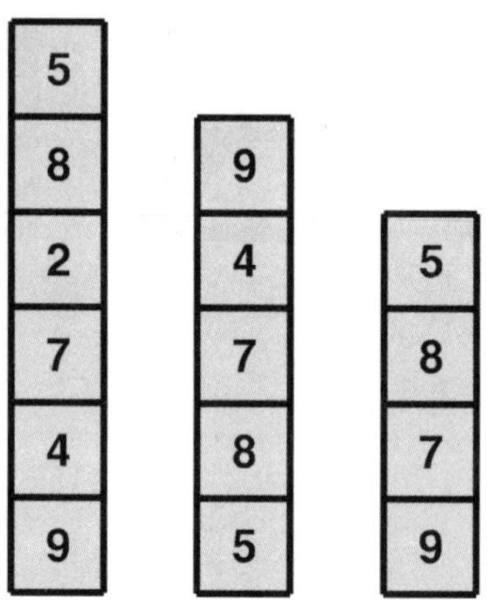

根据图中提供的三个数列，找出其递变规律，并回答下一个出现的数列应该是 A、B、C、D 中的哪一个？

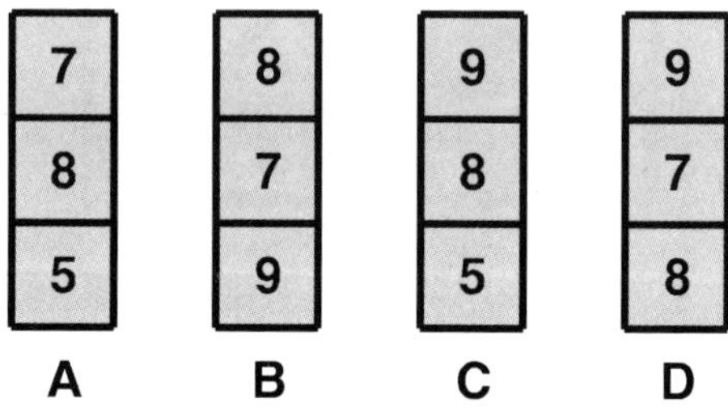

答案编号 99

十八棵树

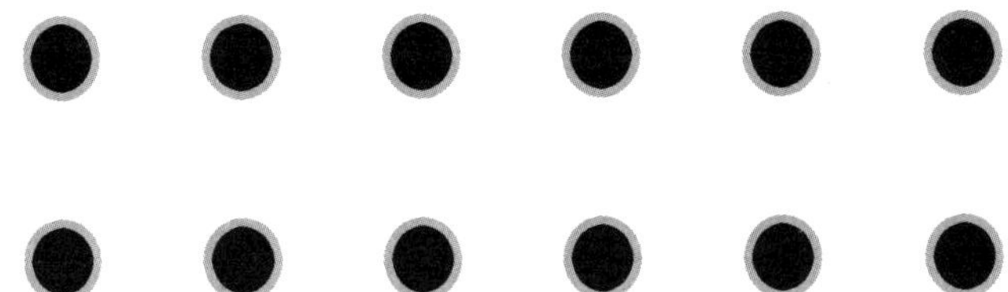

一位园丁正打算替他的十八棵待种的树挖坑。在确定坑的具体方位时，他采用了每五坑连成一直线的方案。为了使这样的直线数量达到最大，他只有两种选择。您能替他的两种选择画出草图吗?

答案编号 100

似是而非

根据您发现的规律，在问号处填入正确的数字。多提一句：右下角的数字的确是 7，而非 8。

答案编号 101

鸟犬同笼

在动物园的极地馆，企鹅与爱斯基摩犬共处一室。经过清点，我发现这两种动物的总数为72，总共有200条腿。请问极地馆中有多少只企鹅?

答案编号 102

择友篇3

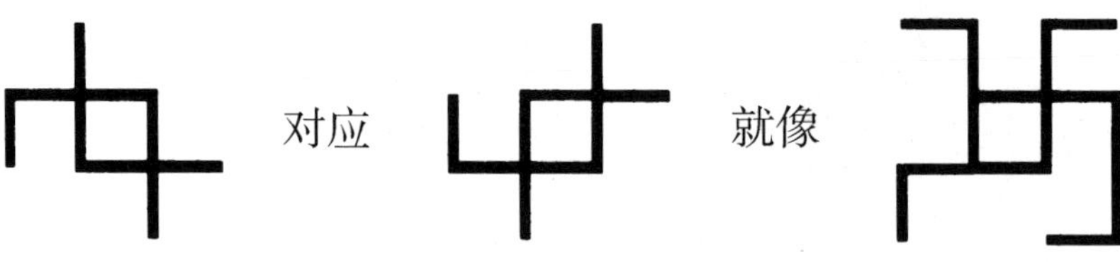

对应

A B C

D E

中的哪一项？

答案编号 103

棋盘外的战略

已知一位棋手要得到最后的大奖，必须再连赢两盘棋，而该棋手目前还剩三次机会。在这三局中，和他对弈的棋手既有专业级的又有业余级的，专业级的他不一定能赢，业余级的则可以轻松搞定。现在大赛组委会给了他两种方案，由他来决定后三场比赛的对手。方案一（按出场顺序排列）：专业级，业余级，专业级。方案二：业余级，专业级，业余级。您认为选择哪种方案，得奖概率会更高一点？

答案编号 104

另类计算

如果上面那个算式的和为 9825，下面算式的结果是多少？

6128+9091

8159+1912

答案编号 105

数字魔方

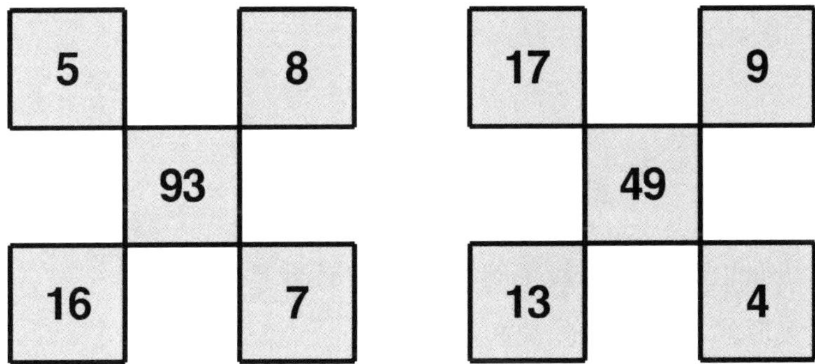

看图回答问号处的数字应该是多少?

8		13
	?	
5		4

答案编号 106

天空之旅

五位飞行员驾驶着各自的客机分别从英国的五个机场起飞，前往五个不同的城市。

您能根据以下信息确定每位飞行员的航线吗？

1. 从斯坦斯特机场起飞的客机飞往尼斯港。
2. 保罗的客机从加的夫机场起飞。
3. 迈克的客机飞往纽约的肯尼迪机场，他不是在盖特维克机场起飞的。
4. 从曼彻斯特机场起飞的客机不是去美国的。
5. 尼克的客机飞往温哥华。
6. 保罗的客机不是去罗马的。
7. 尼克不是从曼彻斯特机场起飞的。
8. 罗宾不是从斯坦斯特机场起飞的。
9. 从希思罗机场起飞的客机，不是由托尼驾驶的，也不飞往柏林。

飞行员	机场	目的地

答案编号 107

青蛙捕蝇

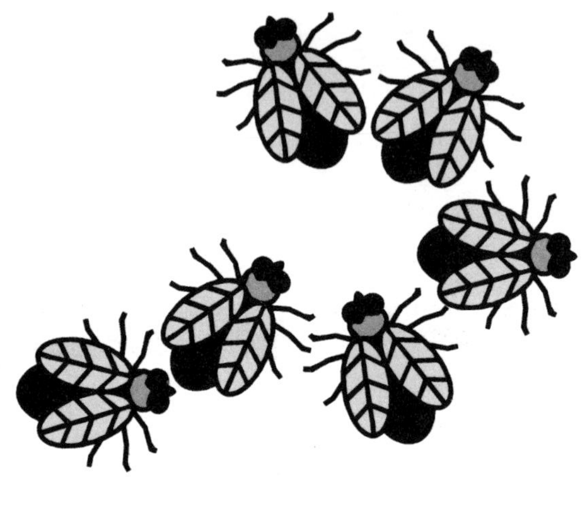

29 只青蛙在 29 分钟里能捕到 29 只苍蝇，请问多少只青蛙能在 87 分钟里捕到 87 只苍蝇?

答案编号 108

登陆小岛

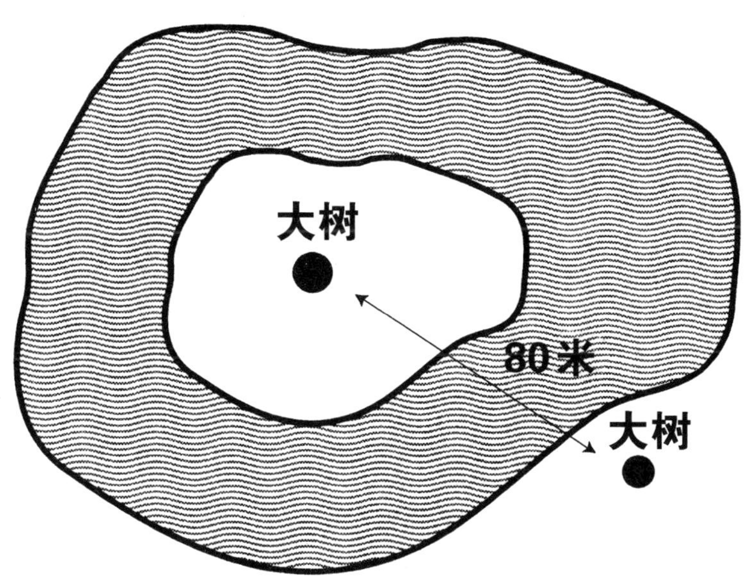

在一片半径为80米的湖的中央有座小岛，岛上有棵大树。在湖畔陆地上，生长着另一棵大树。一个不会游泳的人希望能去岛上看看，但他手头只有一根300米长的绳子。请问他该怎样做，才能登陆小岛？

答案编号 109

嘉年华盛会

在露天游乐场举办的嘉年华中，五个不同年龄的男孩乘坐在不同的游乐设施上，吃着各自喜爱的零食。

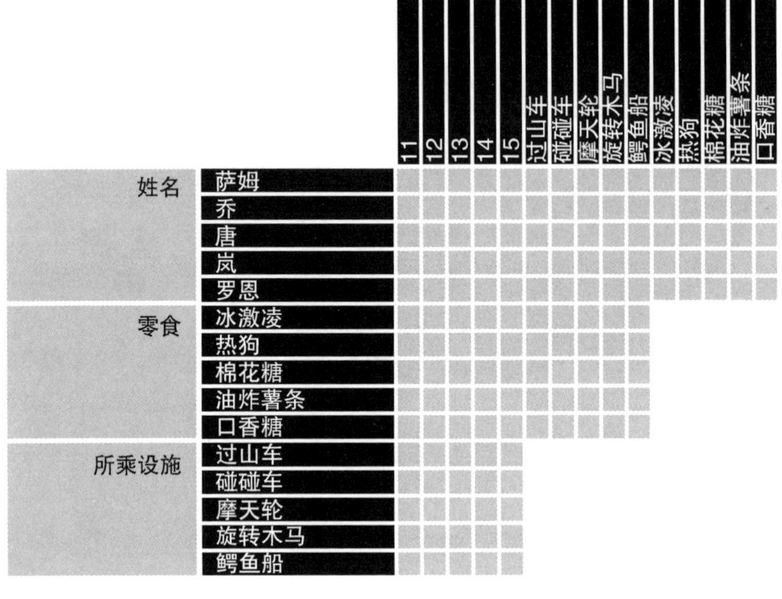

已知：

1. 罗恩吃着冰激凌，乔没有嚼口香糖。
2. 14 岁的萨姆不在摩天轮上。
3. 鳄鱼船上的男孩今年 15 岁。
4. 岚没有坐碰碰车，唐正骑着旋转木马。
5. 吃冰激凌的男孩今年 13 岁。
6. 在碰碰车上的男孩嘴里正咬着热狗。

7. 乔坐在过山车上吃油炸薯条。

8. 12 岁的唐手里拿着棉花糖。

请根据上述信息，将每个男孩的具体情况填入下表。

姓名	年龄	所坐设施	喜爱的零食

答案编号 110

金字塔阵3

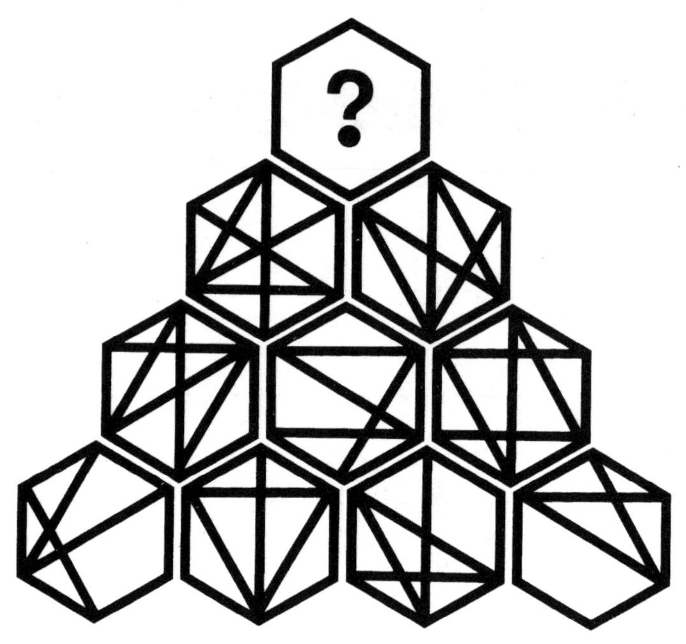

根据金字塔阵中的图形规律，塔尖问号处的图形应是下列五个选项中的哪一个？

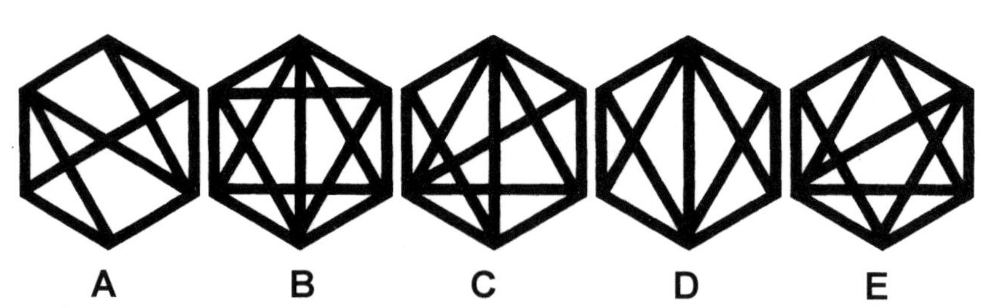

答案编号 111

万花筒2

根据上方镜筒内图案的递变规律，找出下一幅图应该是 A、B、C、D、E 中的哪一幅？

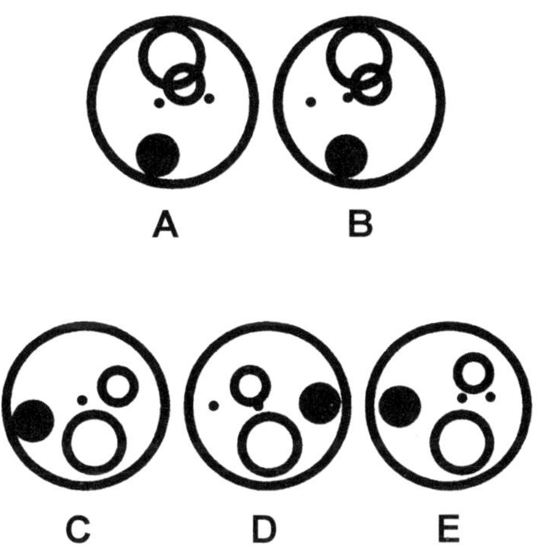

答案编号 112

诡异的数列

这串数字的下一个数字是多少？

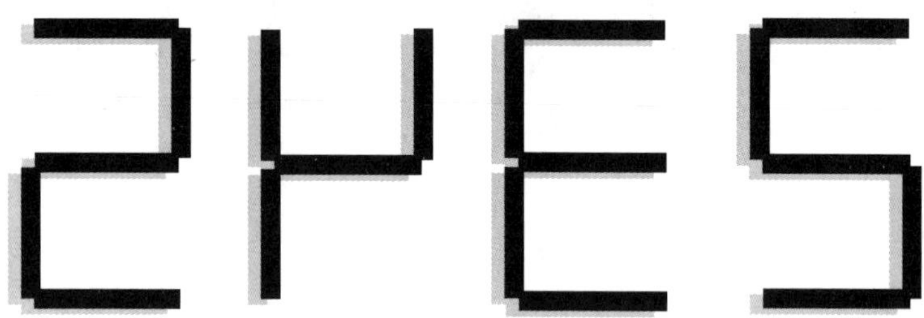

答案编号 113

不速之客2

下列圆形图案中哪一个与众不同？

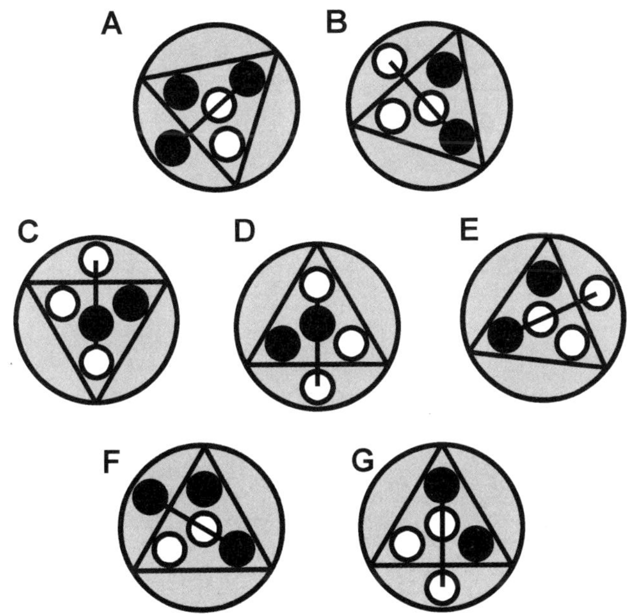

答案编号 114

万花筒3

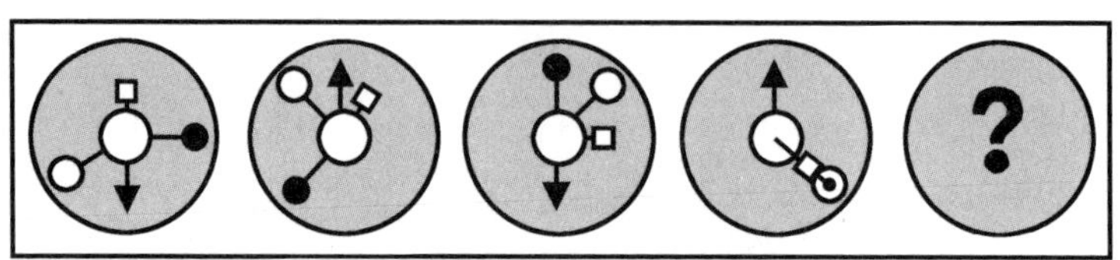

根据上方镜筒内图案的递变规律，找出下一幅图应该是A、B、C、D、E中的哪一幅？

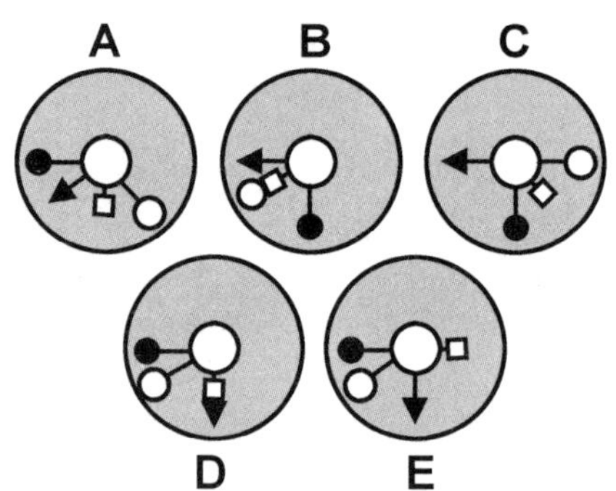

答案编号 115

圆圈里的交会2

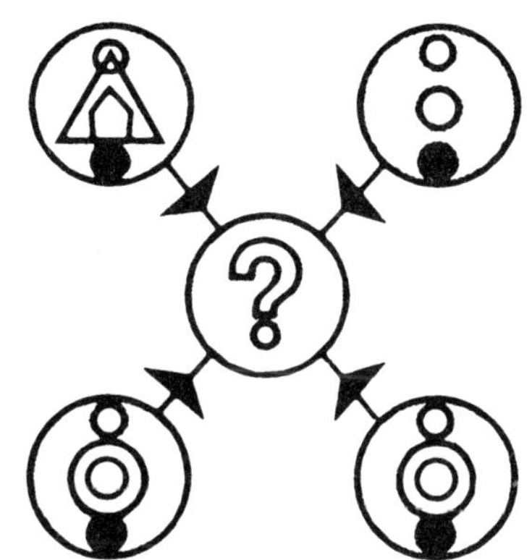

如图所示，外围四个圆里的每条线和每个小图形要在中间的圆中出现，必须遵循几条规则。规则如下：

如果这条线或这个小图形在外围四个圆中出现一次，它一定会被转入中间的圆中；出现两次，它有可能被转入；出现三次，它一定会被转入；出现四次则一定不会被转入。

请问下列五个圆哪个该出现在问号处？

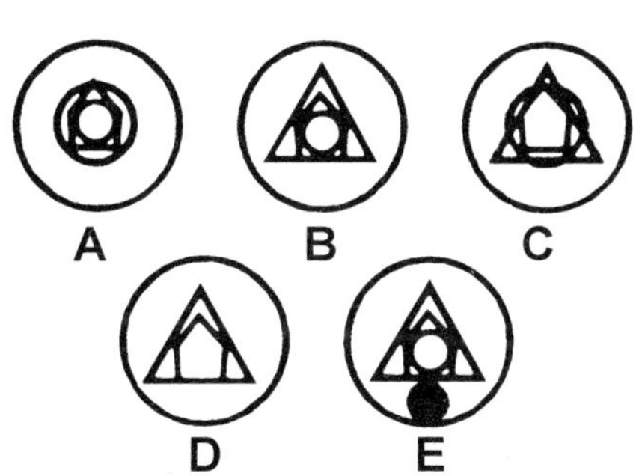

答案编号 116

爱鸟人士

五位来自不同国度的爱鸟人士对各种鸟都有自己独特的喜好，而他们各自欣赏的五种不同的鸟类在英语中都有一个专用的集合名词与之对应。

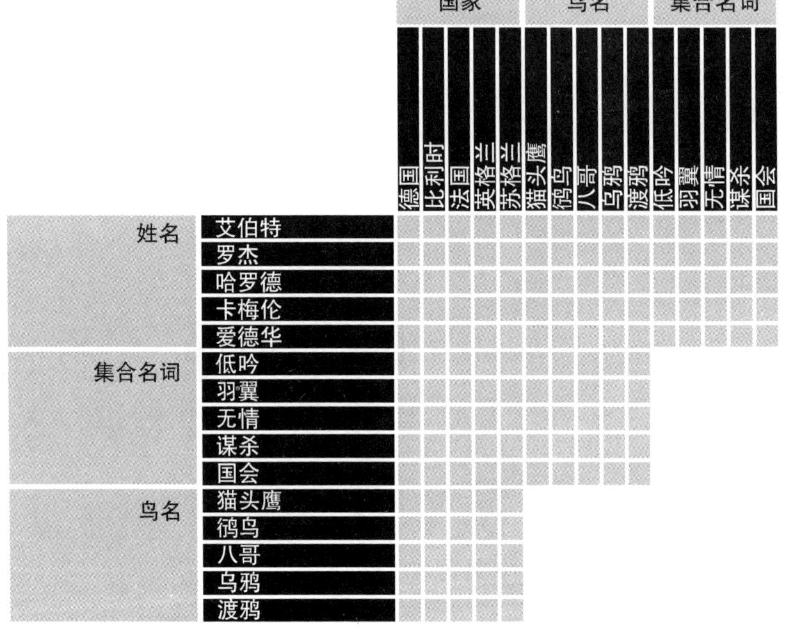

已知：

1. 罗杰不喜欢鸻鸟，“国会”也不是鸻鸟的集合名词。
2. 喜欢乌鸦的人来自法国，但那人不是爱德华。另外爱德华不是苏格兰人。
3. 艾伯特喜欢猫头鹰，而“低吟”是八哥的集合名词。

4. 来自德国的哈罗德喜欢渡鸦。
5. 喜欢八哥的人来自英格兰。
6. 爱德华不喜欢集合名词是“无情”的渡鸦。
7. 喜欢集合名词是“谋杀”的鸟的人来自法国。
8. 卡梅伦不是比利时人，艾伯特不是苏格兰人。
9. 喜欢集合名词是“羽翼”的鸟的人不是德国人。

请根据上述信息，将每位爱鸟人士的具体情况填入下表。

姓名	国家	鸟名	集合名词

答案编号 117

等式变换

在不添加任何数字与运算符号的前提下，改正下列错误的等式。附：可以随意搬动等式中的数字。

76 = 24

答案编号 118

方块组合

上面这个组合中，还少了一个方块。请在下列五个选项中补选一个，以使该组合完整。

答案编号 119

不速之客3

下列图案哪一个与众不同？

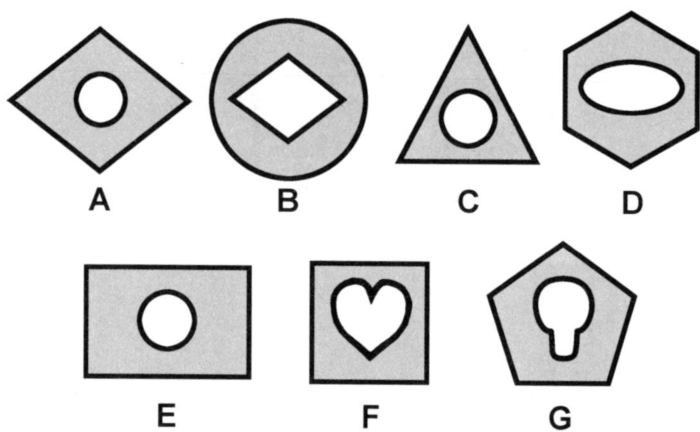

答案编号 120

数字转盘

问号处的数字是多少？

答案编号 121

跳舞的圆圈

根据下面三幅图的递变规律，找出下一幅图应该是A、B、C、D、E中的哪一幅？

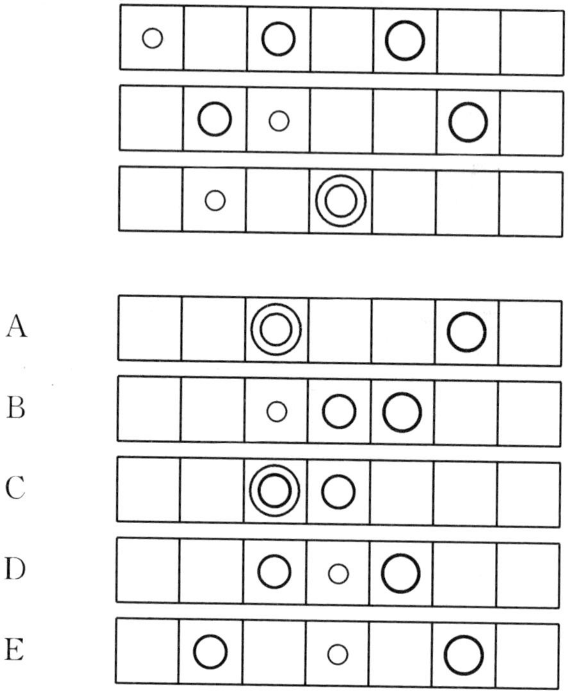

A

B

C

D

E

答案编号 122

三角组合

在第三个三角形中，缺失的三个数字各是多少？

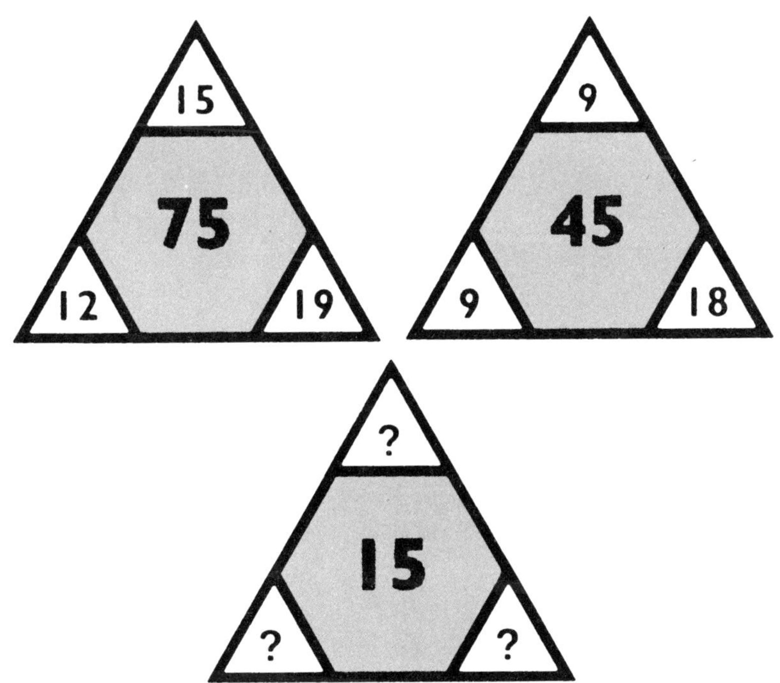

答案编号 123

家居生活

五位家庭主妇，各自购买了一件家居用品摆在不同的房间里。

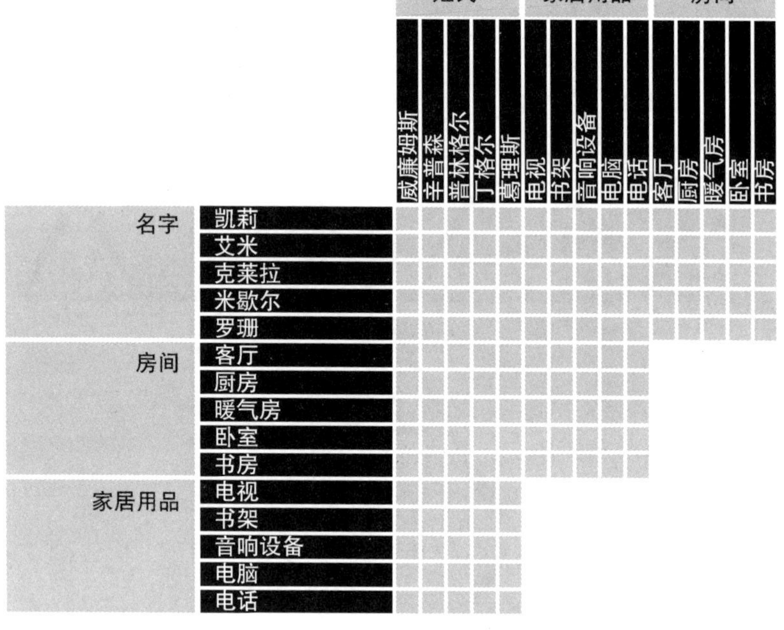

已知：

1. 辛普森太太的家居用品不是摆在卧室中的。
2. 艾米买了台电视，葛理斯太太买了台音响设备。
3. 凯莉的家居用品也不是摆在卧室中的。
4. 克莱拉没有买电话。
5. 威廉姆斯太太的家居用品不是摆在厨房中的。
6. 凯莉的家居用品放在暖气房里。

7. 米歇尔买了个书架，丁格尔太太买了台电脑。

8. 米歇尔的家居用品没有放在卧室里。

9. 普林格尔太太的家居用品放在书房里，罗珊的放在厨房里。

请根据上述信息，回答每位家庭主妇的名字、姓氏、购买的家居用品，以及摆放在什么房间。

名字	姓氏	房间	家居用品

答案编号 124

棍子游戏

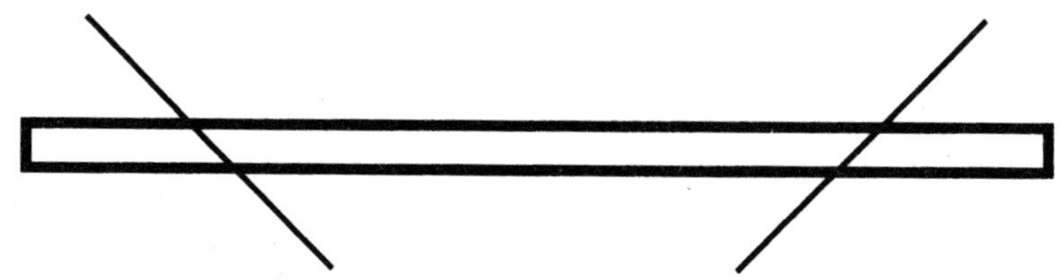

一根长棍被断成了三小截短棍。不准测量短棍的长度，不准拿它们试搭三角形，请问您有什么好办法能快速判断出这三截短棍是否可以组成一个三角形？

答案编号 125

大小圆圈

下列选项哪一个与众不同？

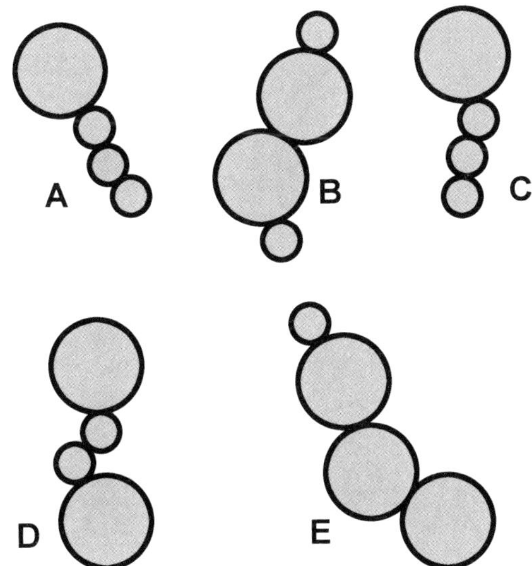

答案编号 126

金字塔的线索

根据金字塔图形提供的线索，问号处的图形应是下列五个选项中的哪一个？

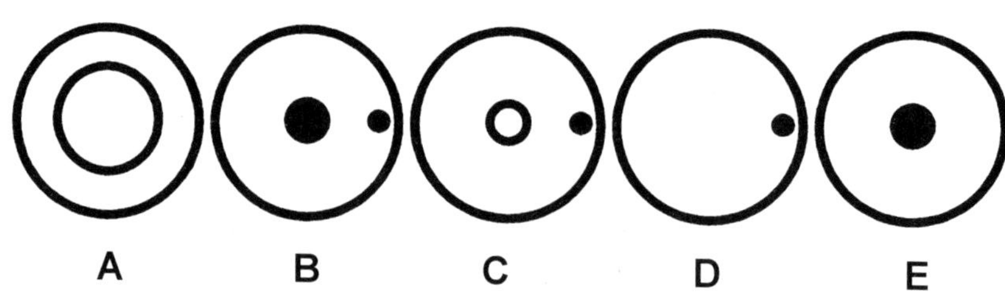

答案编号 127

依样画葫芦

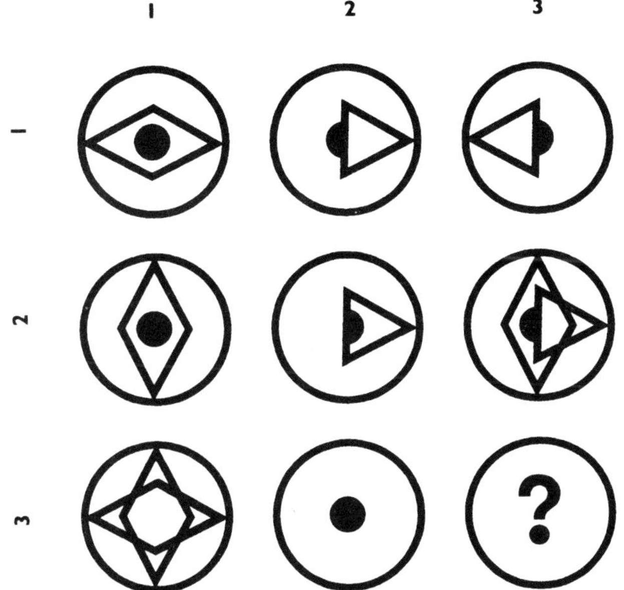

参照上图中的规律，问号处的图形应是下列六个选项中的哪一个？

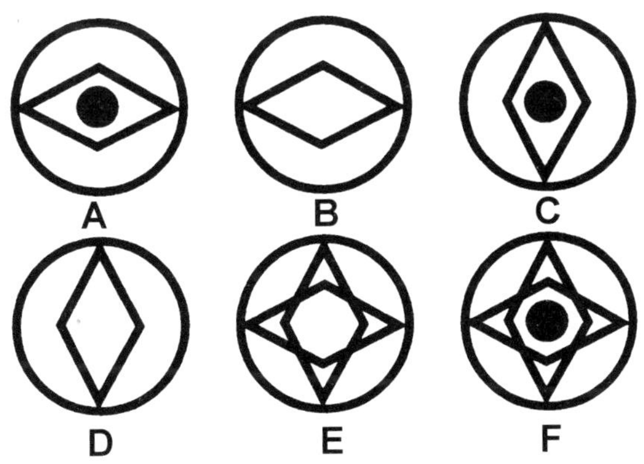

答案编号 128

慧眼识错3

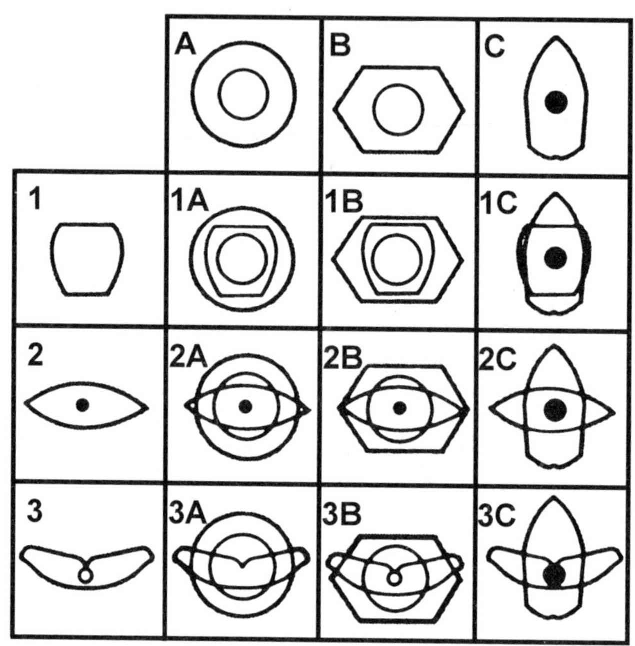

图中九个编号为 1A—3C 的正方形是由与之分别对应的上方及左侧的模板 A、B、C、1、2、3 叠合而成的，例如：正方形 3C 是由它左边的模板 3 和上方的模板 C 叠合在一起形成的。

已知九个正方形中有一个在叠合时出了错，您知道是哪一个吗？

答案编号 129

奇幻数字2

将下面的十二个数字按您观察出的规律平均分配到表中的四个组中。

106　168　181　217　218　251　349
375　433　457　532　713

第一组	第二组	第三组	第四组

答案编号 130

改头换面

对应

就像

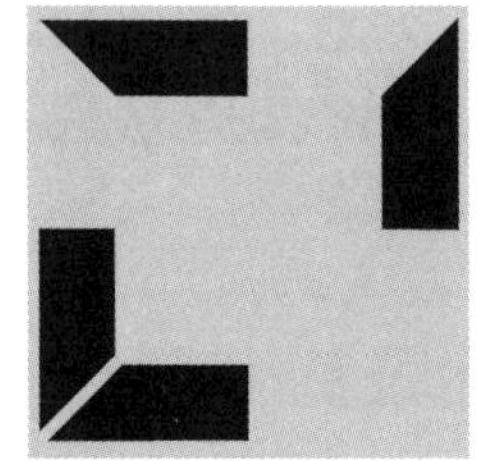

对应下列哪个选项？

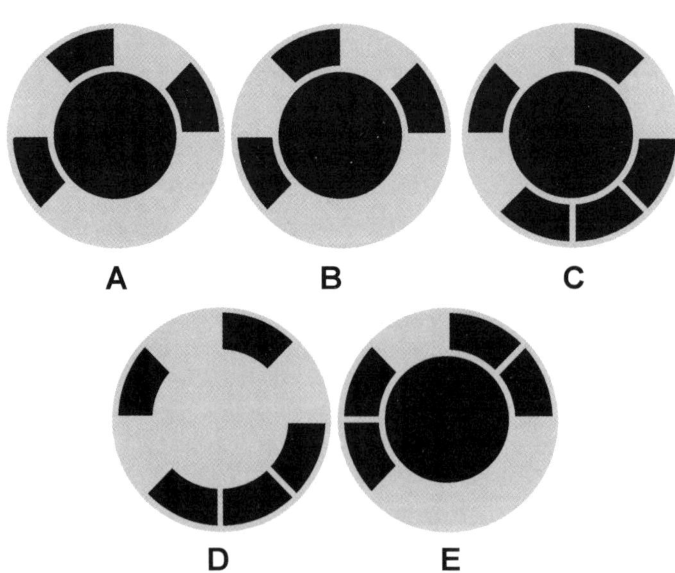

答案编号 131

叠罗汉

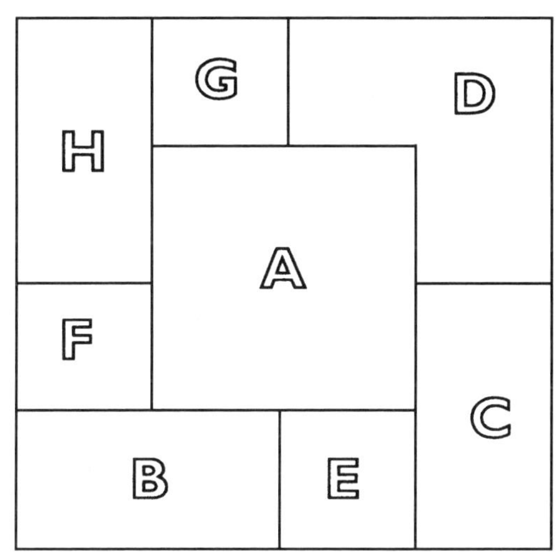

八张一模一样的正方形纸片叠在一起，呈现出如图所示的效果。通过观察，您能否给出这些纸片交叠时，从上到下的顺序？

答案编号 132

黑白配

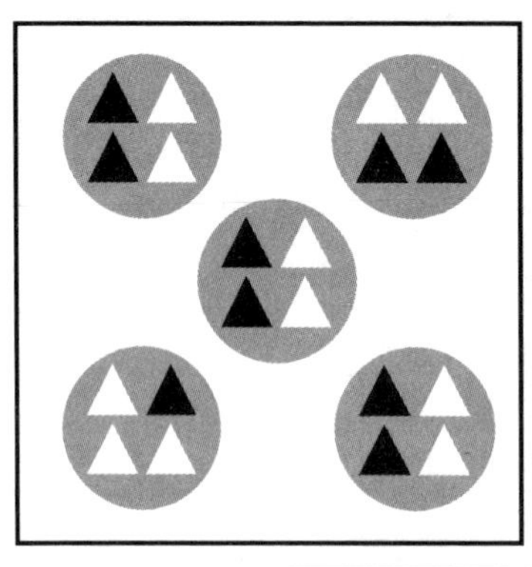
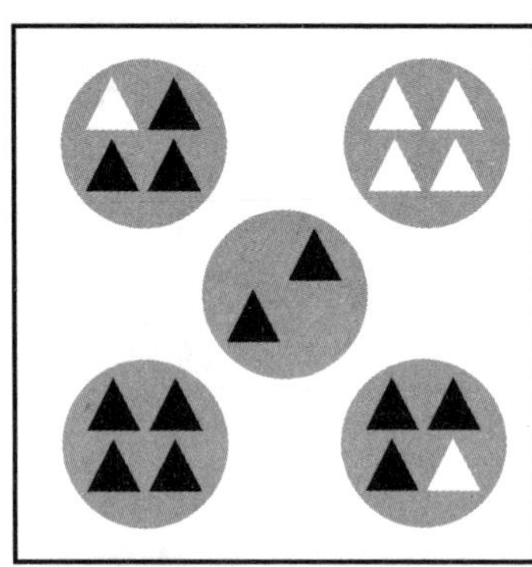
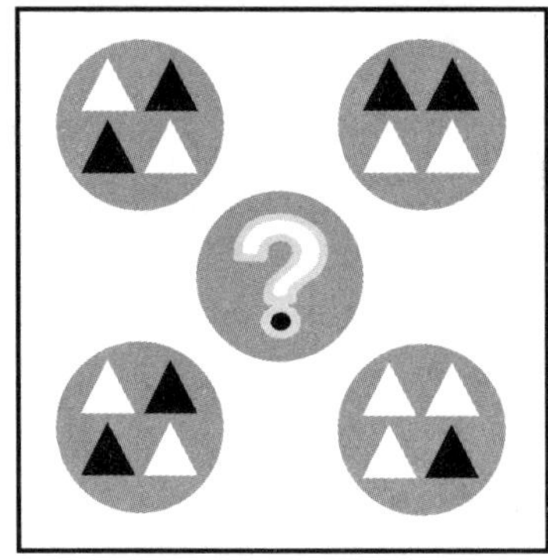

请问图中问号处，应填入下列五个选项中的哪一个？

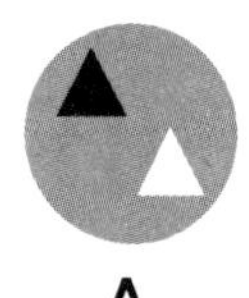

A　B　C　D　E

答案编号 133

双色谜题

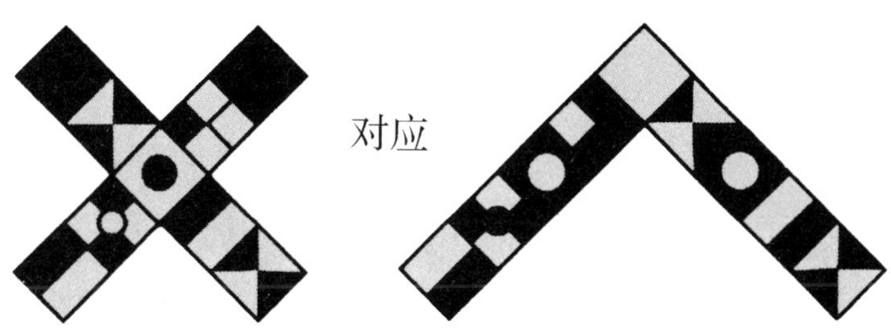

就像

对应下列选项中的哪一个？

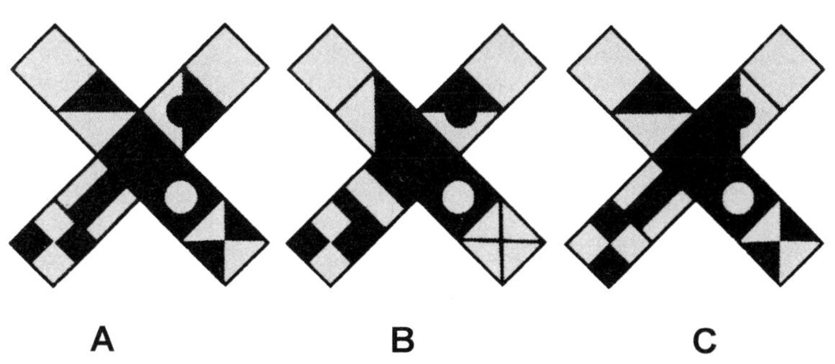

答案编号 134

宝物守护者

在北欧的五处藏宝地，存放着五种不同的宝物。那里还居住着五群长相各异的守护者，负责各处的看守。

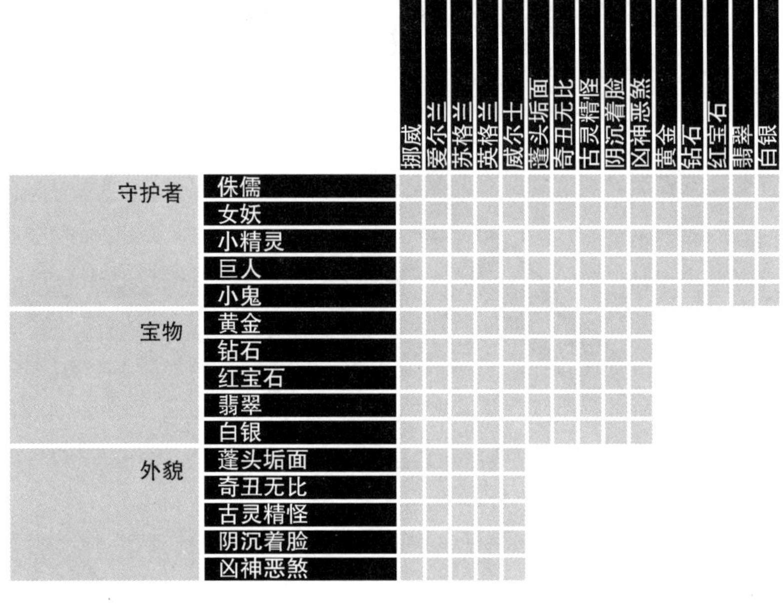

已知：

1. 小精灵长得古灵精怪，红宝石藏在苏格兰。
2. 小鬼守护着白银，侏儒住在挪威。
3. 巨人住在苏格兰，女妖守护着黄金。
4. 侏儒长得凶神恶煞，住在苏格兰的守护者总是阴沉着脸。
5. 女妖长得蓬头垢面，小鬼住在英格兰。
6. 女妖不是奇丑无比的，住在威尔士的守护者不是古灵精怪的。

7. 钻石不是藏在爱尔兰的。

请根据上述信息，填出每群守护者长相如何、在哪里守护什么宝物。

守护者	藏宝地	外貌	宝物

答案编号 135

画图“点睛”

下列五幅图中哪幅图只要再加一个白点，就有和样图中的白点同样的分布规律？

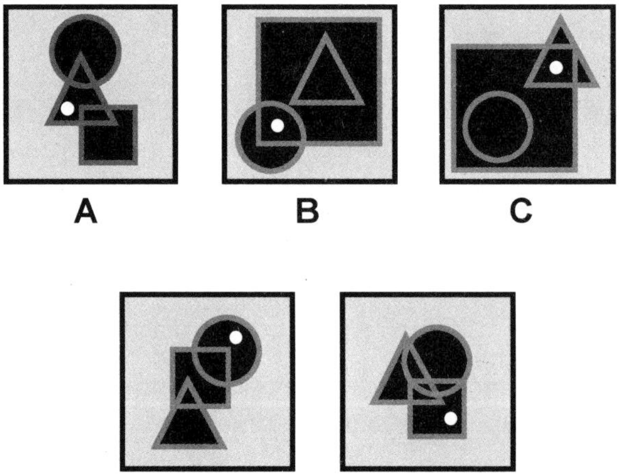

A

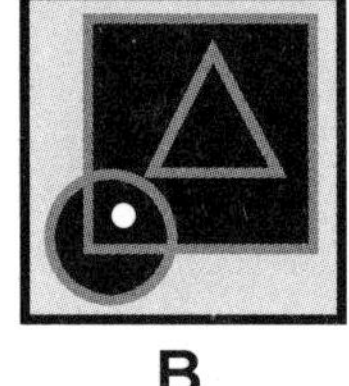

B

C

D

E

答案编号 136

长筒袜

一位女士的抽屉里共有 43 只长筒袜：其中 21 只是蓝色的；8 只是黑色的；还有 14 只是带条纹的。碰巧她房间里的灯泡坏了，看不清抽屉里袜子的颜色。

假设现在她想每种颜色的袜子各拿一双，那么至少要拿多少只长筒袜？

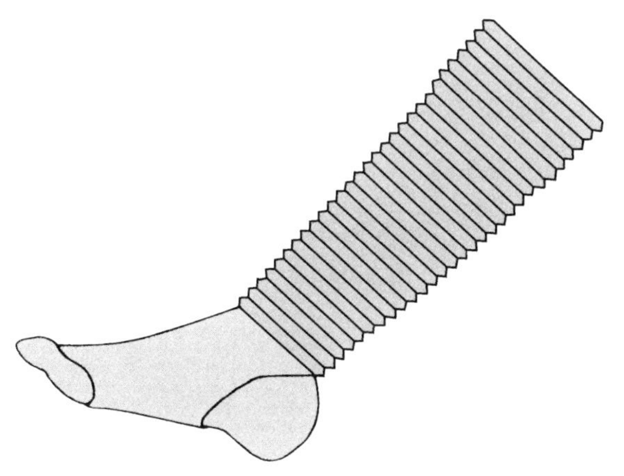

答案编号 137

花式卡片

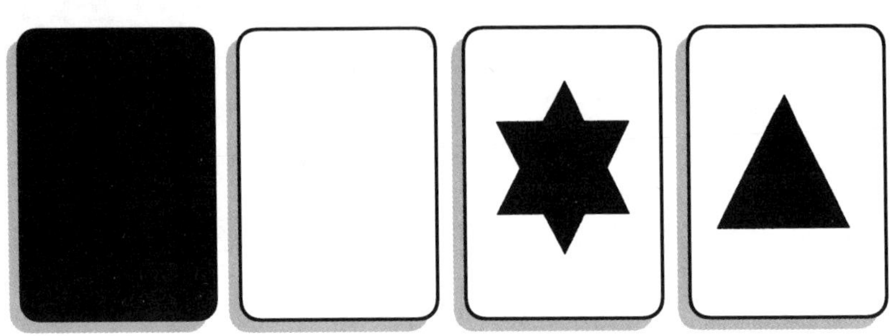

桌上放着如图所示的四张卡片。已知这些卡片的一面不是全白的，就是全黑的；另一面上要么画着一颗星星，要么就是一个三角形。

请问您至少要翻看哪几张卡片，才能确认所有一面是全黑的卡片的另一面上，画的都是三角形？

答案编号 138

赌场的筹码

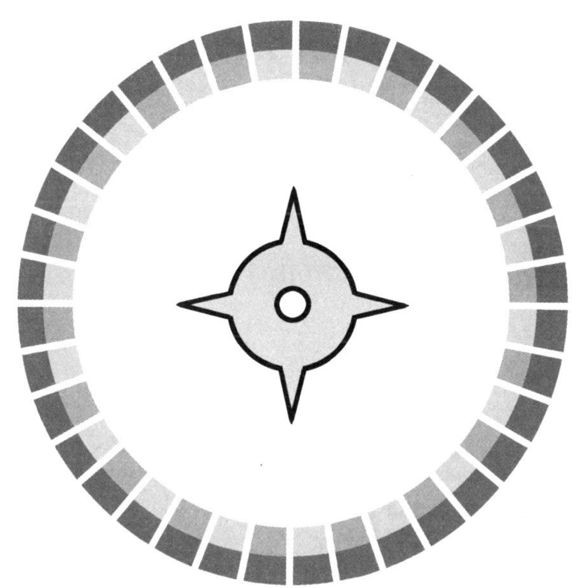

有玩家在玩标准轮盘赌游戏（圆周分为36段）时，赌场只提供代表5美元和8美元的两种筹码。用这些筹码不能组成的最大赌金是多少？

答案编号 139

圆圈里的规律

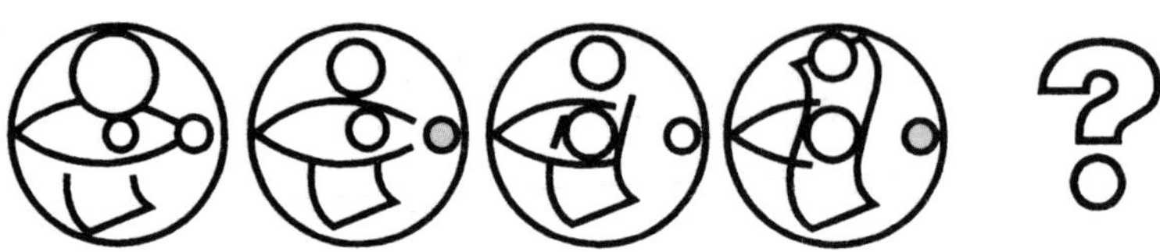

根据上方图案的递变规律，找出下一幅图应该是 A、B、C、D、E 中的哪一幅？

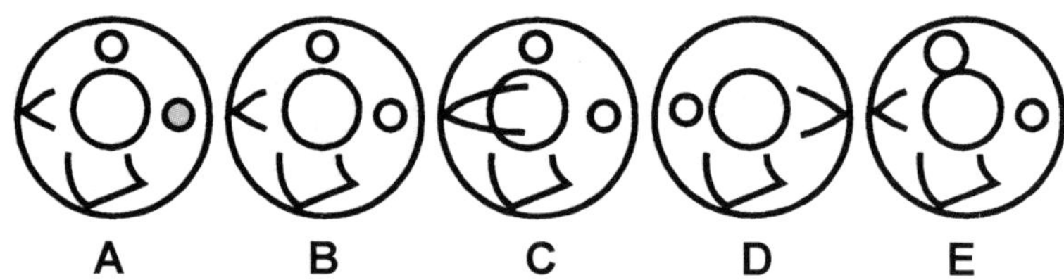

答案编号 140

钻石切割术

请将这块钻石分割成形状相同的四个部分，每一部分都要包含下列三种图形各一个。

答案编号 141

美式橄榄球

五名橄榄球球员身着不同颜色的 T 恤，聚在一起训练。他们来自不同的球队，打球时的战术位置也不一样。

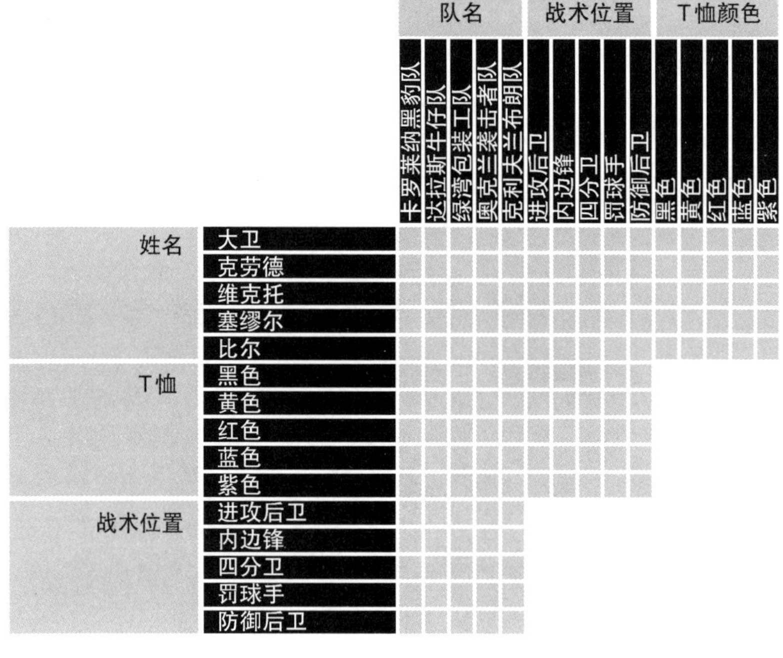

已知：

1. 来自卡罗莱纳黑豹队的球员穿的是紫色 T 恤。
2. 塞缪尔不是进攻后卫，内边锋来自达拉斯牛仔队。
3. 四分卫穿的是黄色 T 恤，克劳德是达拉斯牛仔队的。
4. 罚球手不是绿湾包装工队的。
5. 大卫不是奥克兰袭击者队的，塞缪尔穿的是黑色 T 恤。

6. 防御后卫来自奥克兰袭击者队，大卫穿的是黄色 T 恤。
7. 维克托来自克利夫兰布朗队，他穿的 T 恤不是蓝色的。
8. 比尔是罚球手，来自克利夫兰布朗队的球员穿的是红色 T 恤。

请根据上述信息，填出每位球员的详细情况。

姓名	队名	战术位置	T 恤颜色

答案编号 142

各得其“所”

1. 瑞芙尔夫人的名字不是特蕾西，她家的房门也不是红色的。
2. 蒙比夫人的名字是谢丽尔，她不住在白石公寓。
3. 大宅院的房门不是黑色的，希尔夫人家的房门同样不是。
4. 佩吉家不在玫瑰小屋，但她家的房门是绿色的。
5. 红色的房门不是谢丽尔家的，而是高山别墅的。
6. 梅布尔家的房门是蓝色的，她和沙利文夫人不是同一人。
7. 特蕾西住在河岸别墅里。
8. 斯蒂文夫人住在玫瑰小屋中。
9. 格蕾斯家的房门不是橙色的。
10. 桃乐茜家不在流水别墅，流水别墅的房门也不是绿色的。
11. 沙利文夫人住在流水别墅中，她家的房门不是黑色的。
12. 彼得斯夫人家的房门不是白色的。

请根据上述信息，填出每位夫人的名字、姓氏、居所名称以及房门颜色。

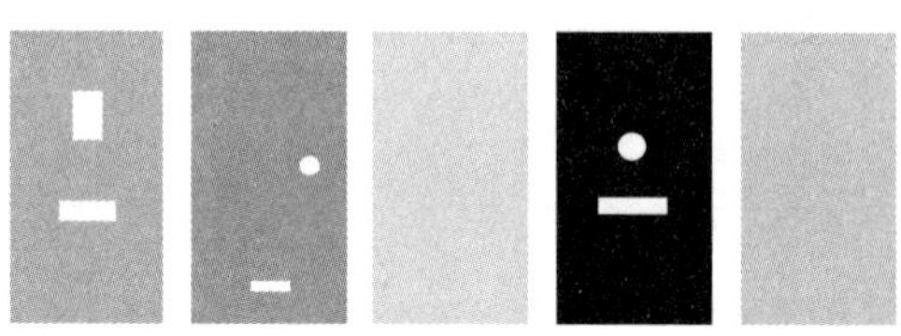

名字	姓氏	居所名称	房门颜色

答案编号 143

神秘谋杀案

在凶杀现场，警察逮捕了包括真凶在内的五名犯罪嫌疑人，并对他们进行了审讯。供词如下：

请问谁是真凶？

阿尔夫·怀特：	“大卫·达尔克是凶手。”
巴里·格莱米：	“我是无辜的。”
西里尔·沙迪：	“凶手不会是厄尼·布莱克。”
大卫·达尔克：	“阿尔夫·怀特撒了谎。”
厄尼·布莱克：	“巴里·格莱米说的是真话。”

已知只有三人说了真话，请问谁是真凶？

答案编号 144

爱车一族

我有五位朋友都是爱车一族。他们的车制造于不同年份，外漆颜色各异，车内装饰也不一样。

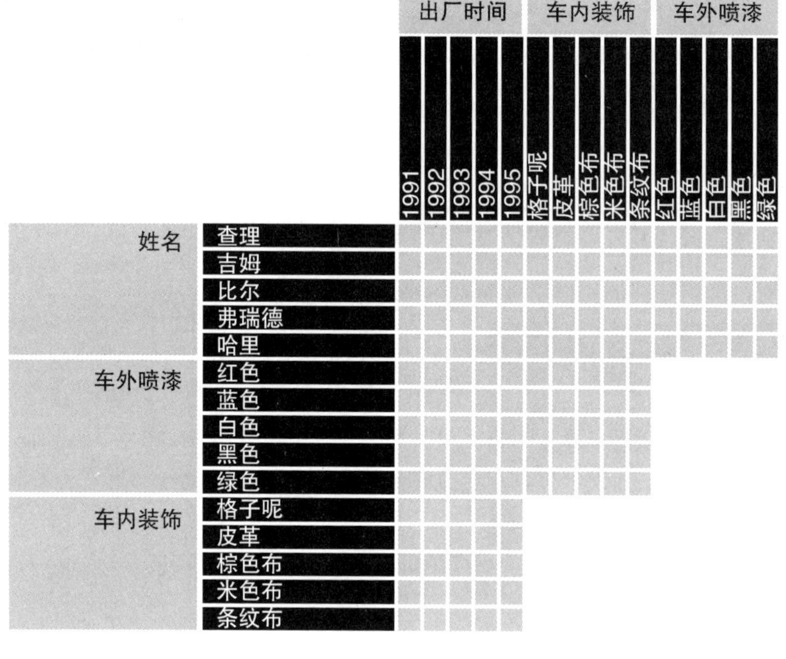

已知：

1. 1993 年出厂的车用的是格子呢的装饰。
2. 用棕色布装饰的车，外漆是蓝色的。
3. 哈里的车制造于 1991 年，红色喷漆，条纹布装饰。
4. 弗瑞德的车是绿色的，出厂时间比查理的要早。

5. 吉姆的车制造于 1992 年。

6. 用皮革装饰的车，外漆是白色的。它不是比尔的。

7. 比尔的车制造于 1994 年，外漆不是黑色的。

请根据上述信息，填出每辆车所对应的主人姓名、出厂时间、车内装饰及车外喷漆。

姓名	出厂时间	车内装饰	车外喷漆

答案编号 145

多米诺骨牌

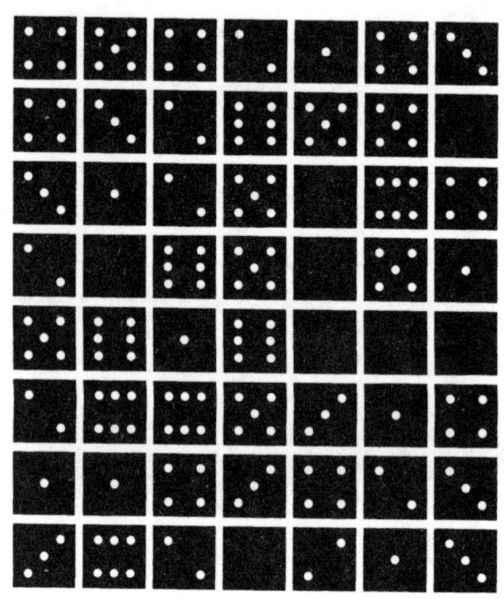

如图所示：56 块骨牌都有各自的点数，从 0—6 不等。现请您在图中划线，要求以两两配对的形式将这些骨牌分成 28 对。每对骨牌中的点数如下所示：

0 – 0						
0 – 1	1 – 1					
0 – 2	1 – 2	2 – 2				
0 – 3	1 – 3	2 – 3	3 – 3			
0 – 4	1 – 4	2 – 4	3 – 4	4 – 4		
0 – 5	1 – 5	2 – 5	3 – 5	4 – 5	5 – 5	
0 – 6	1 – 6	2 – 6	3 – 6	4 – 6	5 – 6	6 – 6

答案编号 146

天平配对

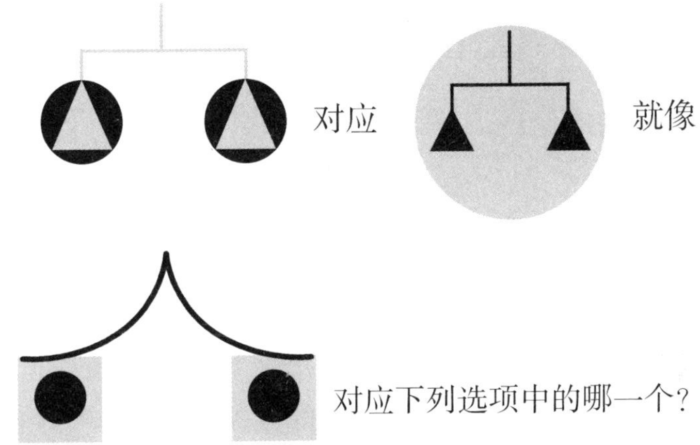

对应

就像

对应下列选项中的哪一个？

A　B　C　D　E

答案编号 147

神奇的瓷砖

在陶瓷制品的展览会上，一位瓷砖商正在向人们展示不同形状的花式瓷砖。有个顾客想要他的七位电话号码。

瓷砖商便把一些瓷砖按如图所示的方式排列，然后说道："我的瓷砖已经告诉您了。"

请问他的电话号码是多少？

答案编号 148

循序渐进

观察上面三幅图的递变规律，找出下一幅图应该是A、B、C、D中的哪一幅？

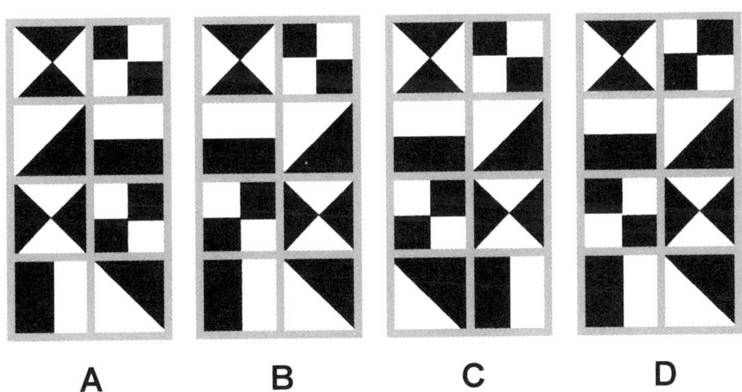

答案编号 149

摸彩球

这是一道只需运用逻辑推理就能解决的概率问题。

在一只袋子里装有四只球：一只黑色，一只白色，剩下两只为红色。现有一人从中随机地取出两只球。在看过取出的球之后，他说道："我摸出的球中有一只是红色。"

请问他摸出的另一只球也为红球的概率是多少？

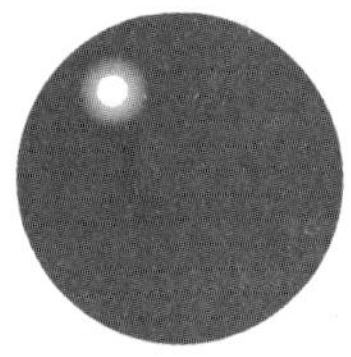

答案编号 150

答案

Answer

答案 1

耀眼的钻石

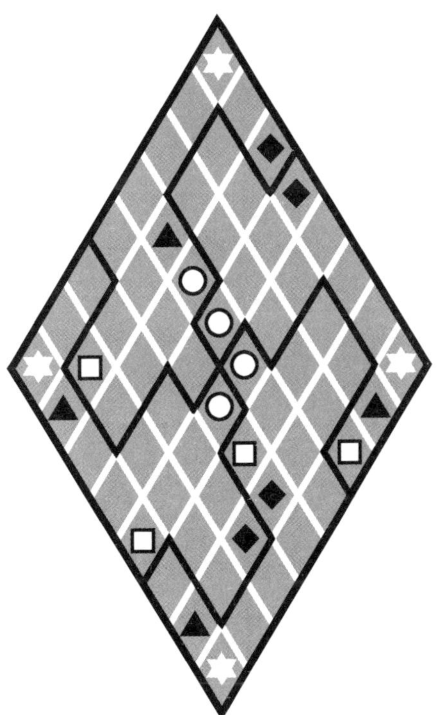

答案 2

调皮的三角

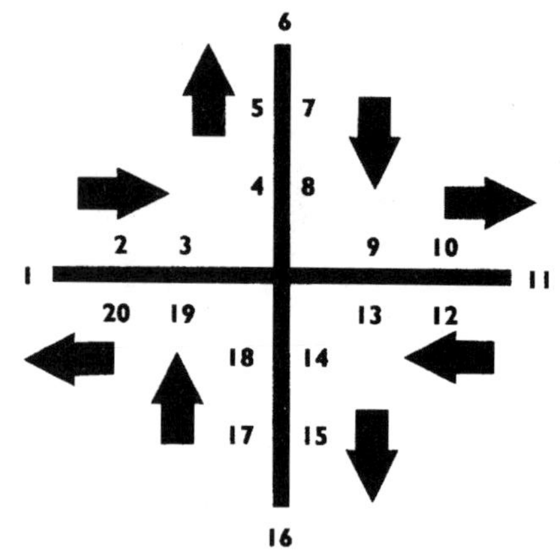

选 E。规律是三幅图从左至右看，图中的四个三角形各自按顺时针方向紧贴十字架臂运动，移动方向如图所示。

答案 3

漫步机器人

因为实验中恰巧有一辆车停在机器人右边 5 米处，程序便告诉它有车不能通过。正确的方案是把指令“确认 25 米内是否有车”改为“确认 25 米内是否有移动着的车辆”。

答案 4

三个圆圈

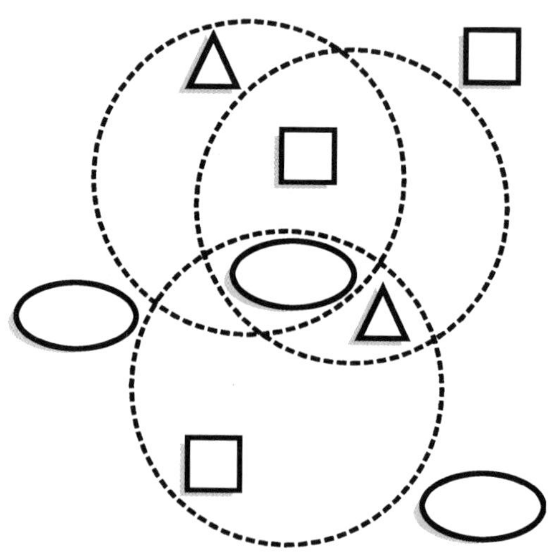

答案 5

真假金币

只需称一次。首先从第一袋中取出一枚金币，从第二袋中取出两枚，从第三袋中取出三枚。把这六枚金币放在一起称。如果重 305 克，则第一袋金币是假的；如果重 310 克，则第二袋金币是假的；如果重 315 克，则意味着第三袋金币是假的。

答案 6

对号入座 1

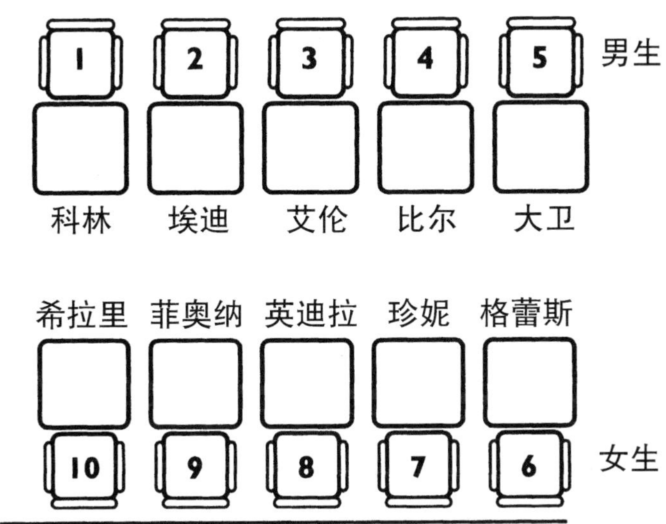

答案 7

眉目传情

选 D。看一下前两幅图，第一张脸的两眼组合后即为第二张的左眼，而第二张脸的右眼则是一个新引进的图案；现在再看第二和第三张脸，第二张脸的左眼没有传递给第三张，而是把它的右眼直接照搬为第三张脸的左眼，但第三张的右眼同样是一个新图案。这种交替的转换模式将持续下去，又如第三张脸的两眼组合后构成了第四张脸的左眼。

答案 8

趣味图形

选 C。从左至右每个图形包含的直角数依次增加一个。

答案 9

圆圈里的交会 1

C

答案 10

射击场竞赛

普里森上校的环数为 200 环（60、60、40、40）。

艾米少校的环数为 240 环（60、60、60、60）。

法尔将军的环数是 180 环（60、40、40、40）。

三位射手各自说错的话：普里森上校的第一句话，艾米少校的第三句话，法尔将军的第三句话。

答案 11

奥古斯大陆

宣称自己是	组里的人数	实际是	转变为
“撒谎”家族	30	30“转变”家族	30“撒谎”家族
“转变”家族	15:15	15“撒谎”家族 15“转变”家族	15“撒谎”家族 15“转变”家族
“讲真话”家族	10:10:10	10“讲真话”家族 10“撒谎”家族 10“转变”家族	10“讲真话”家族 10“撒谎”家族 10“讲真话”家族

那天晚上睡在五边形房子中的“撒谎”家族成员共有55人。

本题的突破口在于意识到——只有“转变”家族的人可以说自己是“撒谎”家族的。因为如果那个人出自“讲真话”家族，就说明他在说谎；如果出自“撒谎”家族，那他说了真话，这也不可能。所以说称自己是“撒谎”家族的第二组组员原先全是“转变”家族的，但之后他们都加入了“撒谎”家族。另外还可得出第二组组员来自同一家族。同样的道理，只有“撒谎”和“转变”家族成员可以说自己是“转变”家族的，所以第三组的组员一定是15个“撒谎”族，15个“转变”族，不过这一次“转变”家族还是“转变”家族。这样最后剩下的第一组——说自己是“讲真话”家族的，实际是由三个族以10:10:10的比例共同组成的，其中10个“转变”家族成员最后变成了“讲真话”家族。

因此，90位族员是由15名“转变”家族成员（那15个说了真话的人）、20个“讲真话”家族成员（10个原来就是，另10个来自“转变”家族），以及55个住五边形房子的“撒谎”家族成员（10个谎称自己是“讲真话”家族，15个谎称自己是“转变”家族和30个来自

"转变"家族）组成的。

答案 12

奇幻数字 1

2，5，7，10，12，15，17

答案 13

妙选电话亭

如果第八间电话亭不需要维修，主管会说前面七间中的五间需要修理。

答案 14

和谐之美

选 A。每个六边形中都有六个三角形，每个三角形都以六边形的一边作底，底上的高从左至右依次递增。递增的长度为六边形底边宽度的四分之一。

以下为有一个三角形时的示意图：

答案 15

鏖战赌城

每个玩家骰子上的数字如下：

"毁灭之王"：6—1—8—6—1—8

“疤面煞星”: 7—5—3—7—5—3

“吉祥小子”: 2—9—4—2—9—4

具体较量如下:

1. “毁灭之王”对“疤面煞星”: 6—7; 1—7; 8—7（赢）; 6—5（赢）; 1—5; 8—5（赢）; 6—3（赢）; 1—3; 8—3（赢），每组后三个数字再重复一次，这样“毁灭之王”在18次较量中一共赢10次，输8次。
2. “疤面煞星”对“吉祥小子”: 7—2（赢）; 5—2（赢）; 3—2（赢）; 7—9; 5—9; 3—9; 7—4（赢）; 5—4（赢）; 3—4，每组后三个数字再重复一次，也是“疤面煞星”赢10次，输8次。
3. “吉祥小子”对“毁灭之王”: 2—6; 9—6（赢）; 4—6; 2—1（赢）; 9—1（赢）; 4—1（赢）; 2—8; 9—8（赢）; 4—8，每组后三个数字再重复一次，也是“吉祥小子”赢10次，输8次。

总的来说:

“毁灭之王”会在18次内赢“疤面煞星”10次;

“疤面煞星”会在18次内赢“吉祥小子”10次;

而“吉祥小子”在18次内也赢了“毁灭之王”10次。三人两两相克。

答案16

各怀鬼胎

凶手是阿尔夫·马金。如果凶手是杰克·维休斯，那么阿尔夫·马金和吉姆·彭斯所说的就都是真话。如果凶手是西德·斯福特，那么其余三人说的也都是真话。如果凶手是吉姆·彭斯，那也意味着西德·斯福特和阿尔夫·马金说的是真话。因此凶手只可能是阿尔夫·马金，这样的话只有吉姆·彭斯说了真话。

答案 17

活力小狗

一共跑了 22.5 千米。先算出拉塞尔·卡特花了多长时间走回家。由于这段时间内小狗以它的恒定速度一直在跑，所以可以很容易地算出小狗在返程过程中跑过的路程。

拉塞尔以每小时 4 千米的速度走 10 千米回家要花 2.5 小时。也就意味着小狗点点同样跑了这些时间。它的速度是每小时 9 千米，所以小狗一共跑了 22.5 千米。

答案 18

庄园里的仆人

姓名	职位	爱好	休息时间
史密斯	管家	壁球	周五
琼斯	园丁	高尔夫	周二
伍德	司机	钓鱼	周三
克拉克	门卫	下棋	周四
詹姆斯	厨师	桥牌	周一

答案 19

寻房觅友

我们所能做的就是根据三个问题可能的回答找出一个唯一符合各项回答的数字。如果有多种可能，就无法确定了。

问题一：你的门牌号小于 41 吗？

回答“否”，则说明号码在 41—82 之间。

回答“是”，则说明号码在 1—40 之间。

问题二：你的门牌号能被 4 整除吗？

是	44	48	52	56	60	64	68	72	76	80	41—82
否	41	42	43	45	46	47	49	50	51	53	
	54	55	57	58	59	61	62	63	65	66	
	67	69	70	71	73	74	75	77	78	79	
	81	82									
是	4	8	12	16	20	24	28	32	36	40	1—40
否	1	2	3	5	6	7	9	10	11	13	
	14	15	17	18	19	21	22	23	25	26	
	27	29	30	31	33	34	35	37	38	39	

问题三：你的门牌号是完全平方数吗？

64 是唯一的答案												（41—81，能被 4 整除）
否	44	48	52	56	60	68	72	76	80			
是	49	81										（41—81，不能被 4 整除）
否	41	42	43	45	46	47	50	51	53			
	54	55	57	58	59	61	62	63	65	66		
	67	69	70	71	73	74	75	77	78	79	82	

（续表）

是	4	16	36									（1—40，能被4整除）
否	8	12	20	24	28	32	40					
是	1	9	25									（1—40，不能被4整除）
否	2 14 26	3 15 27	5 17 29	6 18 30	7 19 31	10 21 33	11 22 34	13 23 35	37	38	39	

如果第一问回答“否”，第二问回答“是”，第三问也回答“是”——就能得到唯一的答案64，也就是阿奇博尔德家的门牌号。

答案20

城镇大钟

我忘记说明自己的闹钟是电子闹钟了。问题出在显示数字的七条线中，有一条线无法显示了。如下图所示：

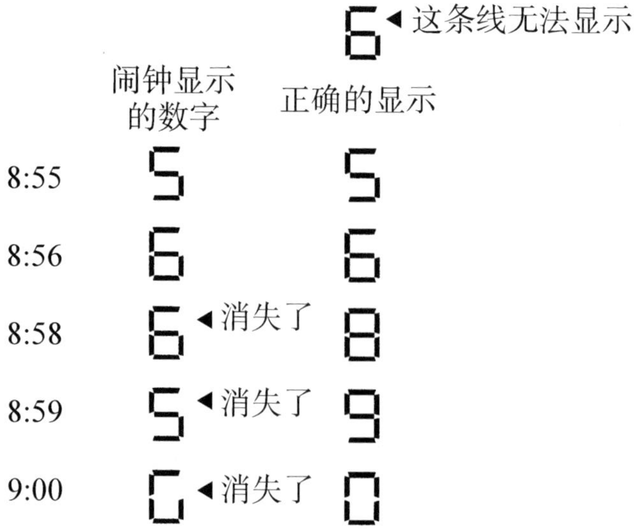

6 ◀这条线无法显示

	闹钟显示的数字		正确的显示
8:55	5		5
8:56	6		6
8:58	6	◀消失了	8
8:59	5	◀消失了	9
9:00	[	◀消失了	0

答案 21

希尔斯摩天楼

450 米

答案 22

日本旅馆

这是两个单词分别贴在一扇玻璃门的两面上。一面贴的是“PUSH”，另一面贴的是“PULL”。

答案 23

分粥里的学问

共有 2519 名囚犯。

2519 人分成 3 人一桌需 839 张桌子，多余 2 个人；
2519 人分成 5 人一桌需 503 张桌子，多余 4 个人；
2519 人分成 7 人一桌需 359 张桌子，多余 6 个人；
2519 人分成 9 人一桌需 279 张桌子，多余 8 个人；
2519 人分成 11 人一桌需 229 张桌子，没有多余。

答案 24

择友篇 1

选 C。中心图案被抽离到原图形的最外面，再把原图给包住。

答案 25

阿尔加威的聚会

集合地应在第 5 大道和第 4 大街交叉处的路口。

方法是先从大道角度看，取七人里处于中间位置的那个人所在的大道画线；再从大街角度看，同样取中间位置的那个人所在的大街画线。两线的交叉处即为集合地。

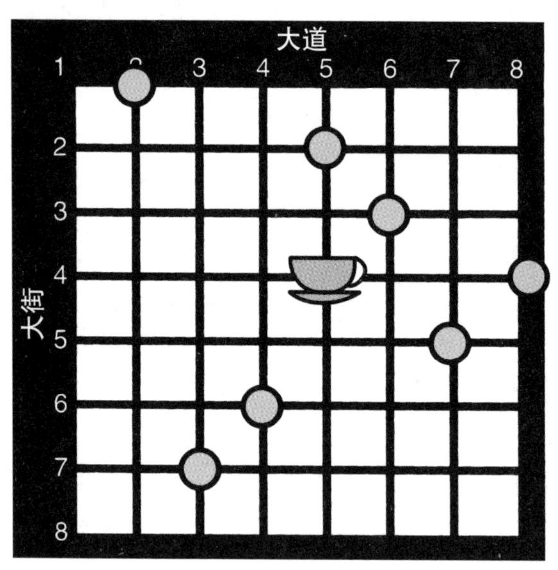

答案 26

圆圈的创新

选 A。观察每一行和每一列，每行从左至右或每列从上至下，第三个正方形中的图案都是由另外两个正方形中的图案按下列规则叠合而成的：

1. 叠合后，如果该处只有一个圆圈，它将被保留。
2. 叠合后，两个重叠的黑色圆圈变为白色。

3. 叠合后，两个重叠的白色圆圈变为黑色。

答案 27

银河系大会

M9 先生的夫人是 F10。做核分裂报告的丈夫是 M3。

男	M1	M3	M5	M9	M7
女	F8	F6	F4	F10	F2
议题	时光机旅行	核分裂	星际交通	读心术	反重力
飞船	超时空瞬移艇	银河运输舰	高振速飞碟	星云快船	航天母舰
特征	十二根手指	三只眼	三条腿	四条胳膊	脚上有蹼

答案 28

碎片定位

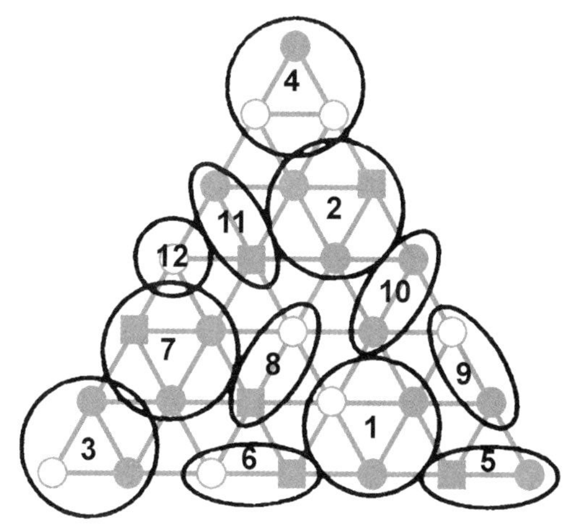

答案 29

手指问题

让我们先假设房间里有 240 根手指，则可能是 20 个外星人，每人 12 根手指；或者是 12 个外星人，每人 20 根手指。但这无法提供一个唯一的答案，所以应去除所有能被分解为不同因数的数字（即除质数和完全平方数以外的所有数)。

现在考虑质数：可能会是 1 个外星人，有 229 根手指（但根据第一句话，不可能）；可能是 229 个外星人，每人有 1 根手指（但根据第二句话，不可能）。这样，又去除了所有质数，就只剩下平方数了。

在 200 和 300 之间符合条件的只有一个平方数，就是 289（17^2）。所以在房间里共有 17 位有着 17 根手指的外星人。

答案 30
猜数字

阿纳斯塔西娅说数字低于 500 显然是撒谎。因为首位数是 5、7 或 9 的任意三位数都大于 500。所以在 500 和 999 之间唯一一个既是平方数，又是立方数，而且首、末位数是 5、7 或 9 的数字只有 729。

答案 31
年龄调查

三人的年龄相乘一定是下列组合中的一种：	三人年龄相加应等于：
72 × 1 × 1	74
36 × 2 × 1	39
18 × 4 × 1	23
9 × 4 × 2	15
9 × 8 × 1	18
6 × 6 × 2	14
8 × 3 × 3	14
12 × 6 × 1	19
12 × 3 × 2	17

18 × 2 × 2　　22
6 × 3 × 4　　13
3 × 24 × 1　　28

人口普查员造访时应该注意到了门牌号，但仍不知道年龄，只可能是因为门牌号是 14。他需要更多的信息以决定到底应该采用 6、6、2 的组合还是 8、3、3 的组合。当听见这位妇女说“大女儿”时，他就知道应该是 8、3、3 了。

答案 32

纪念树

树	榆树	白蜡	山毛榉	酸橙树	白杨
种树人	比尔	吉姆	托尼	西尔威斯特	德斯蒙德
俱乐部	壁球	高尔夫	网球	保龄球	足球
鸟	猫头鹰	乌鸫	乌鸦	知更鸟	八哥
年份	1970	1971	1972	1973	1974

答案 33

俱乐部难题

2 个人。假设所有 49 名女性成员都戴眼镜，则戴眼镜的男性成员就有 21 个人。再假设这 21 个人中有 11 个人年龄小于 20 岁，这样就只剩 10 名年龄不小于 20 岁且戴眼镜的男性成员了。最后再减去 8 个加入俱乐部不到 3 年的名额，就得出了符合条件的最少人数为 2。

答案 34

谁更多

斯宾塞比唐纳德多剪了六棵树。

答案 35

贴瓷砖

选 B。观察每一行和每一列，每行从左至右或每列从上至下，第三个方形中的图案是前两个方形中图案叠加后，不重叠线条部分的组合。

答案 36

宠物狗秀

一条是比尔的，名叫安迪；一条是科林的，名叫唐纳德。

答案 37

手帕上的挑战

查理把手帕放在门的下面。当他们两人站好后，中间正好隔了一扇门。

答案 38

鼠笼迷宫

因为 216 是偶数，所以在这个 6 × 6 × 6 的笼子里所谓的最中间的小室是不存在的，任务当然不能完成。

答案 39

轮盘赌

15

答案 40

加薪的诱惑

乍看上去，第一种方案似乎更划算。但实际上，应选择第二种。

第一种方案　　　　　　（每年提高 500 元）

第一年	10000 + 10000 = 20000 元
第二年	10250 + 10250 = 20500 元
第三年	10500 + 10500 = 21000 元
第四年	10750 + 10750 = 21500 元

第二种方案　　　　　　（每半年提高 125 元）

第一年	10000 + 10125 = 20125 元
第二年	10250 + 10375 = 20625 元
第三年	10500 + 10625 = 21125 元
第四年	10750 + 10875 = 21625 元

答案 41

有章可循

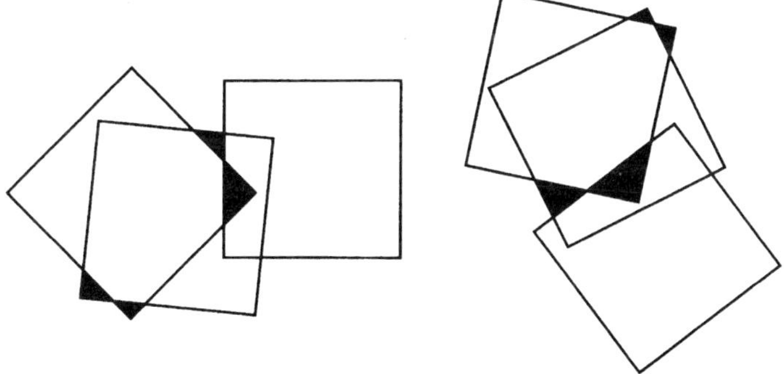

选 D。特征是在三个正方形的组合图中形成了四个三角形。

答案 42

酒桶鉴酒师

40 升的桶里装着啤酒。第一位顾客买走了一桶 30 升和一桶 36 升的葡萄酒，一共是 66 升。第二位顾客就要买 132 升葡萄酒——分别装在 32 升、38 升和 62 升的酒桶中。这样，就只剩下 40 升的那桶酒无人问津。因此，它肯定装着啤酒。

答案 43
圆桌会议

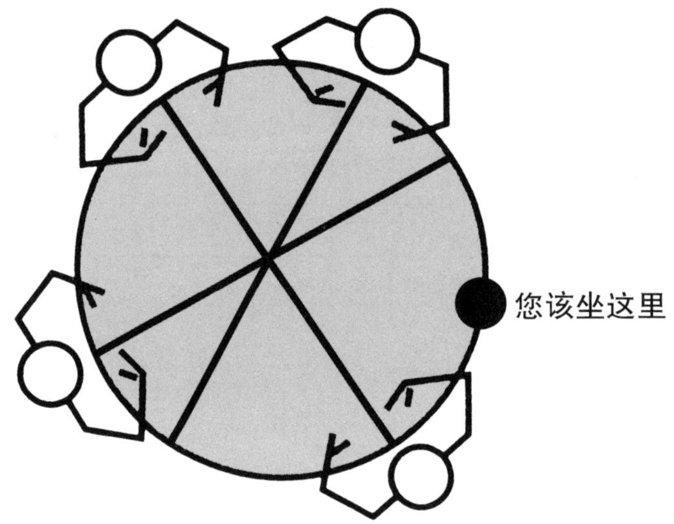

在那四个人的正对面分别作上记号。在相距最远的一对记号间数出剩余的记号个数，您可以坐在剩余记号间的任何一个位置。这个方法也可以用来解决其他类似的座位问题。

答案 44
数字定位

2	14	10	7
9	6	1	4
16	3	13	11
12	8	5	15

规则如下：

1. 无论是水平线、垂直线还是斜对角线，任意两个连续的数字都不会出现在同一条线的方格内。
2. 连续的数字也不会出现在相邻的方格内。

答案 45
选课时间

安妮选了代数、历史、法语和日语。贝斯选了物理、英语、法语和日语。凯迪丝选了代数、物理、英语和历史。

答案 46
名不副实

“马车夫”先生当上了牧羊人。

答案 47
名不随姓

三人的全名分别是爱德华·彼得斯、罗伯特·爱德华兹和彼得·罗伯茨。彼得斯先生的名字一定是爱德华，因为最后说话的那个人承认自己叫罗伯特，而他又显然不是彼得斯先生。

答案 48
码头钓鱼人

	北		码头		南
姓名	乔	佛瑞德	狄克	亨利	马尔科姆
职业	银行家	电工	教授	水管工	推销员

（续表）

来自（城市）	洛杉矶	奥兰多	图森	纽约	圣路易
鱼饵	蚯蚓	面包	蛆	小虾	玉米粒
鱼数	6	15	10	9	1

答案 49

啤酒爱好者

18 天。如果一个男子 27 天喝完一桶啤酒，每天就得喝 0.037 桶。同样地，一个女子每天要喝 0.0185 桶啤酒才能在 54 天内喝完。但两人加起来，一天就能喝 0.0555 桶啤酒。在这种情况下，他们喝完一桶啤酒只要 18.018 天。

答案 50

胜者赢钱?

只要条件符合，这结果不是不可能的。吉姆一开始只有 8 美元，所以比尔即使 10 局全胜，顶多只能得 8 美元。但对吉姆则完全不同，如果他全胜的话，便可以大赚一把：从 8 美元到 12 美元，再是 18 美元，27 美元……而比尔的优势是即使少胜吉姆 2 盘，仍能小赚一把。输赢次序不影响最终结果。

局数	吉姆	吉姆有 8 美元
1	胜	12.00
2	负	6.00
3	负	3.00
4	胜	4.50
5	胜	6.75

（续表）

局数	吉姆	吉姆有 8 美元
6	负	3.38
7	胜	5.07
8	胜	7.60
9	胜	11.40
10	负	5.70 = 比起开始，输了 2.30 美元

答案 51

快乐教学

姓名	班级	理论知识课	体育课
爱丽丝	六	代数	壁球
贝蒂	二	生物	跑步
克莱拉	四	历史	游泳
桃瑞丝	三	地理	网球
伊丽莎白	五	化学	篮球

答案 52

空间夹角

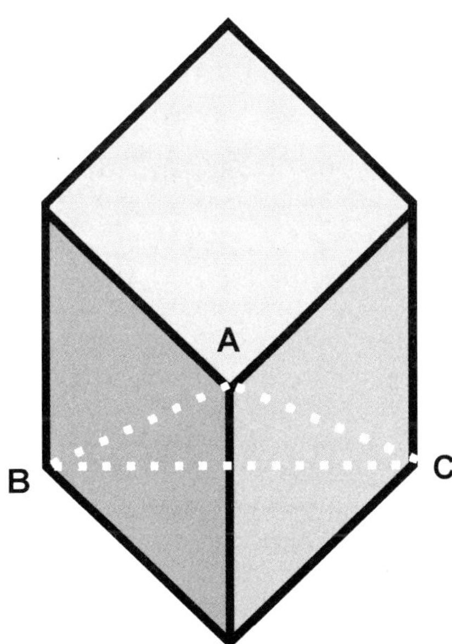

60°。当我们把第三条面对角线 BC 也画上去时，可以发现 AB = BC = AC（因为正方体的面对角线长度相等），所以△ ABC 是等边三角形。所以∠ BAC = 60°。

答案 53

钟面拼图

11 + 12 + 1 + 2 = 26

10 + 3 + 9 + 4 = 26

5 + 6 + 7 + 8 = 26

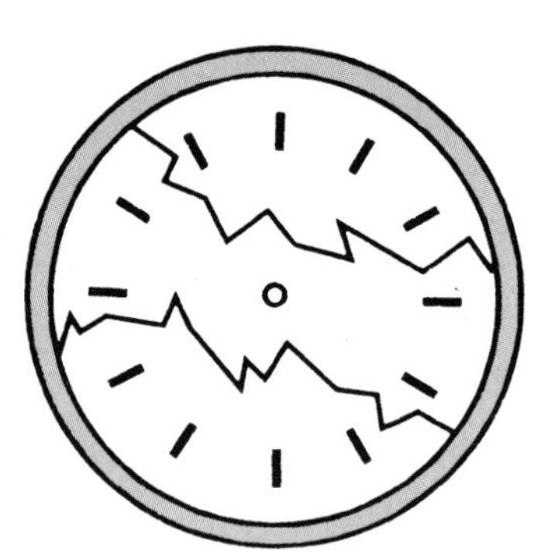

答案 54

提前下班后

走了 25 分钟。首先她丈夫一定和平时一样，在早于 6：30 的某一时刻从家出发去接他妻子。既然他们早到家 10 分钟，就意味着她丈夫少开了 10 分钟的路程，也就是说从遇见他妻子的地方开到车站再从车站返回遇见他妻子的地方需要 10 分钟时间。假定这段路来回时状况一样，即来回各需 5 分钟，那么她丈夫接她时比平时早了 5 分钟，即在 6：25 遇见妻子。而妻子是 6：00 到车站，6：25 遇见她丈夫，所以走了 25 分钟。

答案 55

慧眼识错 1

2A

答案 56

父女情深

父亲	女儿	父亲年龄	女儿年龄
约翰	艾利森	52	20
凯文	戴安娜	53	19
莱恩	贝蒂	50	21
马尔科姆	伊夫	54	18
尼克	卡罗尔	51	17

答案 57

年龄算术题

格雷厄姆 9 岁，弗雷德里克 27 岁。27 的平方正好是 9 的立方即 729。他们家门口有 18 格台阶，篱笆上有 36 条木栅栏，墙上有 243 块砖，加在一起正好是他们家的门牌号 297。

答案 58

线条的逻辑

选 E。被对应的图形是前两幅图叠合后，重合的线条被消去的结果。

答案 59

公平的分配

只需分一次（如图所示）。

备注：只要求三角形的数目相等，形状不要求一样。

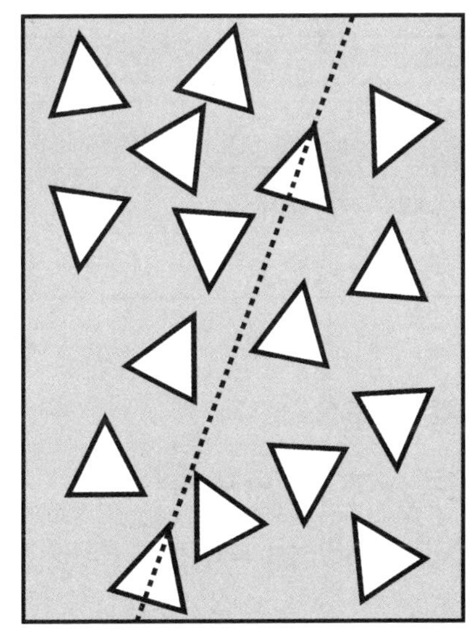

答案 60

不速之客 1

选 E。A 和 C 互为镜像，B 和 D 也是如此。

答案 61

对号入座 2

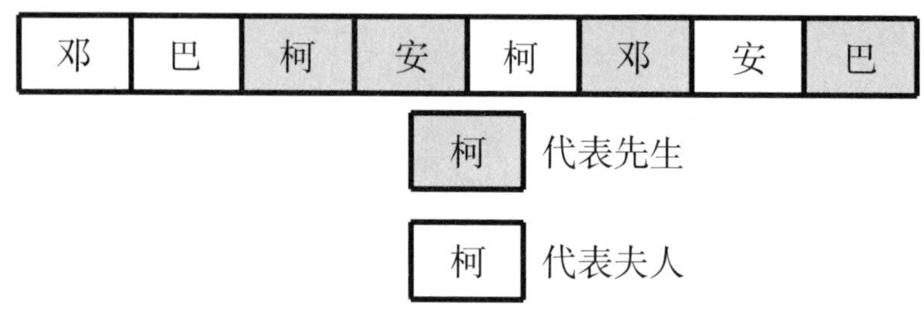

答案 62

向海员致敬

姓名	军衔或职位	军舰	港口
帕金斯	乘务员	航空母舰	马耳他岛
沃德	水兵	巡洋舰	朴次茅斯港
曼宁	中校	潜艇	福克兰岛
迪沃斯特	军需官	护卫舰	直布罗陀岛
布兰迪	上校	海航战舰	克里特岛

答案 63

与众不同的出列

选 E。因为在其他正方形中，分割线两边的图案是对称的。

答案 64

百老汇的公交车

按图所示，由于那人是看不见车门的，所以门应在另一边（靠近路沿的一边）。而且是在纽约，那车一定是朝 A 的方向开。

答案 65

暗藏玄机的大钟

选 A。最左边那面钟的分针逆时针转过 10 分钟的刻度，即为第二面钟分针的指向；再转 20 分钟的刻度，即为第三面钟分针的指向。所以可以预见第四面钟分针的指向一定是在第三面的基础上再逆时针转 30 分针刻度后所在的位置。类似地，我们还可以发现时针的规律是顺时针转 1 个小时的刻度构成第二面钟时针的指向；再转 2 个小时的刻度，即为第三面钟时针的指向。所以同理第四面钟的时针是在第三面的基础上再顺时针转 3 个小时的刻度。最终可以确定为选项 A。

答案 66

转圈圈

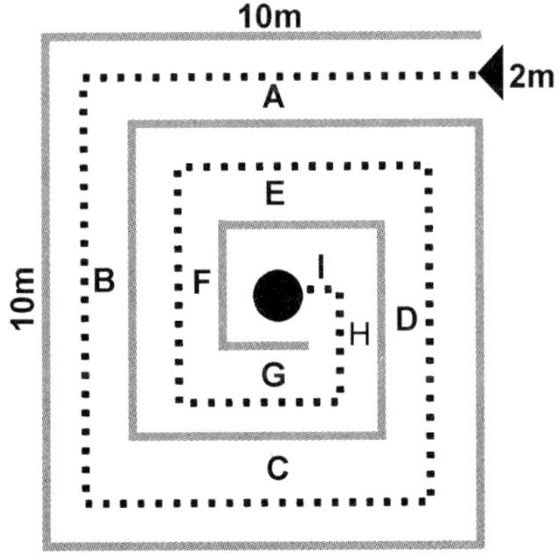

走了 49 米。

A = 9 米，B = 8 米，C = 8 米，D = 6 米，E = 6 米，F = 4 米，G = 4 米，H = 2 米，I = 2 米

总共= 49 米

答案 67

来复枪打靶

“芥末泥”少校射中了靶心。根据靶纸上的点列出所有结果等于 71 环的可能组合，一共可得到三种排列方法：25、20、20、3、2、1；25、20、10、10、5、1 和 50、10、5、3、2、1。第一组排列是上校的得分（因为其他两组不可能出现两枪得到 22 环的组合）；第三组排列是少校的（我们知道他第一枪打了 3 环，所以组合中必须出现 3 环）。因此 50 环是少校打的，是少校射中了靶心。

答案 68

丢失的数字 1

1. 上图中的第一行数字告诉我们：7 × 4 × 8 × 8 × 2 = 3584，以此类推，3 × 5 × 8 × 4 = 480。用同样的办法可以得出第二行缺的数是 2268，第三行缺的数是 2688 与 768。

2. 下图中的规律略有不同，见第一行：58 × 2 = 116，所以根据新规律，得出所缺数的办法是 16 × 1 = 16。用同样的办法可以得出第二行缺的数是 657，第三条缺的数是 162 和 72。

答案 69

手枪交易

首先两人卖牛所得的金额一定是个平方数。另外购买的绵羊总数

一定是奇数（因为分到最后只剩一只）。由于绵羊是 10 美元一只，所以那个平方数的十位数也一定是奇数。而如果这样的话，平方数的个位就只能是 6。例如 256 就是这样一个数：相当于卖了 16 头牛，每头 16 美元；又买了 25 只 10 美元的绵羊和 1 只 6 美元的山羊。由于平方数的末位只能是 6，也就意味着不管之前买了多少只绵羊，山羊的单价只能是 6 美元。比尔最后为了平衡双方的利益，让给丹一只山羊，再加送一把手枪来换取一只绵羊。由于送手枪的同时自己也损失了一把枪的钱，所以枪的价值应等于山羊和绵羊价钱之差的一半，即 2 美元。

答案 70

黑白球

有 3/4 的概率确保两球中有一只黑球。先来看一看所有可能取出来的球的组合：黑色–黑色；白色–黑色；黑色–白色和白色–白色。只有第四种情况没有黑球。所以至少有一只黑球的概率是 3/4。

答案 71

择友篇 2

选 A。因为后一张图只是前一张的翻转，即图像的前面转到后面，后面转到前面。

答案 72

骰子谜题

3

答案 73

鸽子运输车

行不通。鸽子们即使在飞的同时，体重仍是不变的。那些正在飞的鸽子的确替卡车减轻了负担，但是当它们落到卡车上时，增加的重量会大于它们静止时产生的压力。所以两者互相抵消，卡车的总重量维持不变。

答案 74

变化中的变化

选 C。在每一行和每一列的波浪条纹中都会出现一次竖条纹和一次黑条纹。另外，条纹中的三角形一次出现在左边，一次在右边，还有一次在下边。圆形也有类似的重复。

答案 75

走街串巷

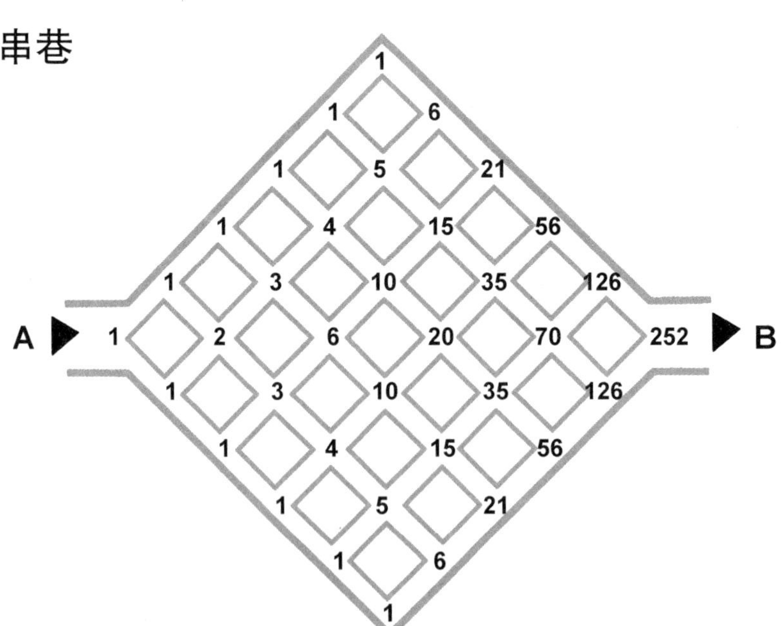

共有 252 种选择。十字路口的数字代表从 A 点到该处所有可选择路线的数量。

答案 76

丢失的数字 2

这个矩阵中出现的数字代表了它一共出现的次数。例如矩阵中应包含一个 1、两个 2、三个 3……七个 7、八个 8，所以丢失的数字是 2、7、7、8。并且两个相同的数字不相邻，这样每个数字都能定位了。

答案 77

门牌号的小游戏

一个四位数如果是由 1、4、6、7 这四个数字组成的话，总是能被 9 和 3 整除的。假使您只想到这一层，那么这两个问题看似都解决不了了。然而当把 6 倒过来换成 9 时，一个由 1、4、7、9 组成的四位数就不可能被 9 整除了，但还是可以被 3 整除的。

答案 78

“瞻”星术

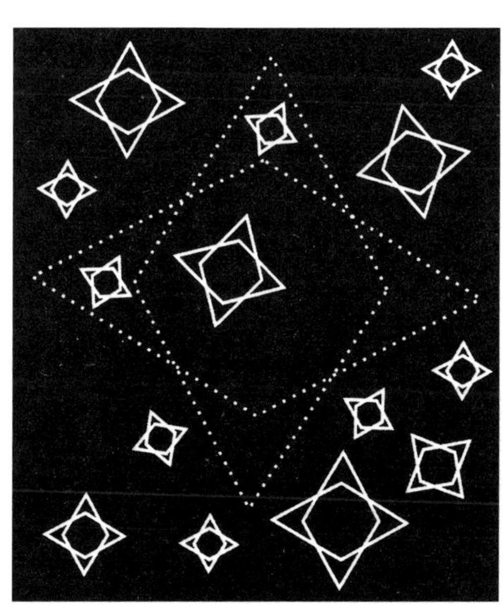

答案 79

摩天楼里的麻烦

原因是这位女士住在 27 层。电梯只要在 36 层到 28 层，下到她那层时便都是往下的，36 到 28 层一共有 9 层，所以向下的概率是 9/36；而从第 1 层到第 27 层，无论电梯在哪一层到她那儿时都是往上的，所以向上的概率是 27/36。因此电梯向上与向下的概率比是 3∶1。

答案 80

缺了什么

选 C。3 号六边形是 1 号与 2 号六边形叠合后的产物，5 号六边形则是 1 号与 4 号六边形叠合后的产物。

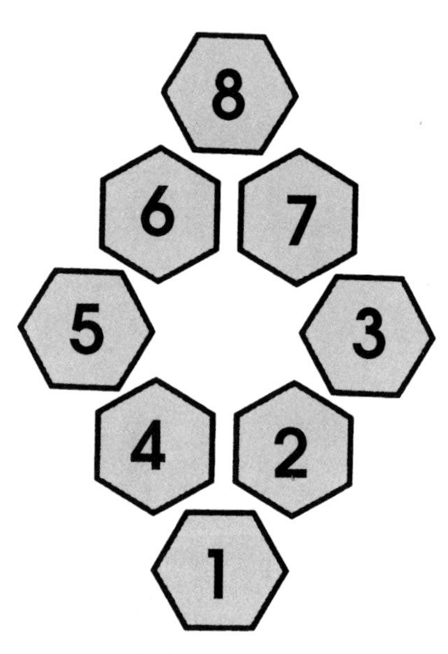

由此可见，如果将这组六边形环分成左右两条链，3 号与 5 号里的图案是分别由它们各自所在链的下面两幅图自下而上融合而成的。根据这个规律，最顶上的六边形作为两条链的汇聚点，其中的图案也应该是左右两链共同构成的，即是 3、5、6、7 号六边形共同汇聚的结果。

答案 81

“水位”测量

按如图所示的方法倾斜正方体容器，只让它的一条底边贴在桌面上。在确保水不流出的情况下：

如果水面淹过了另一条底边，则说明水量超过了一半。

如果水面刚巧到达另一底边，则说明水量正好是一半。

如果水面在另一条底边下方，则说明水量未到一半。

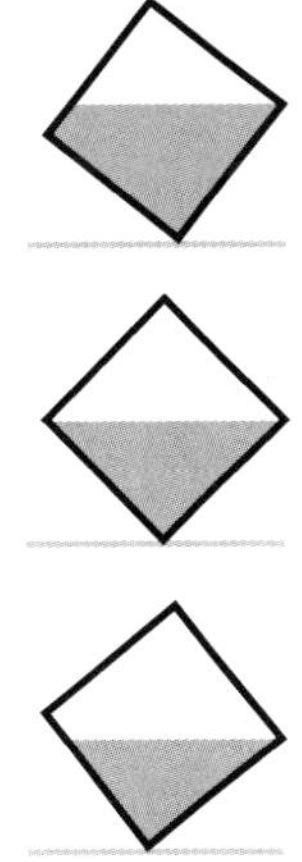

答案 82

招待员的逻辑

因为第一个人给的是一张 1 美元的纸币；而第二个人给的是三个 25 美分、两个 10 美分和一个 5 美分的硬币，总和为 1 美元。如果他要的是 90 美分的啤酒，他可以直接给招待员 90 美分。

答案 83

金字塔阵 1

选 D。从倒数第二行开始，每一个圆都是由位于它下一行的左右两圆叠合而成，但只显示不重合的线条。

答案 84

滑雪缆车

90 种。每一个站都需要去其他九个站的九种不同的票，十个站就是 90 种。

答案 85

万花筒 1

选 C。条纹区和黑色区是有规律性地移动的：条纹区先逆时针转两个区带进入第二幅图；再顺时针转一个区带进入第三幅图，以此类推。黑色区则是先顺时针转两个区带进入第二幅图；再逆时针转一个区带进入第三幅图，同样以此类推下去。

答案 86

闪动的方块

J 处选 4，N 处选 6。规律在黑色小方块的排列上。按字母顺序，它们会一个个由右至左地从上往下排，直到全部进入下一层后，再由右至左地一个个往上排。然而当一种排列之前出现过时，它不会再一次出现。如果按顺序轮到它，它会被省去，取而代之的是下一个未曾出现过的排列。

答案 87

金字塔阵 2

选 E。从倒数第二行开始，每一个图案都由位于它下一行的左右两个图案确定。特定的组合产生特定的图案。图案公式如下：

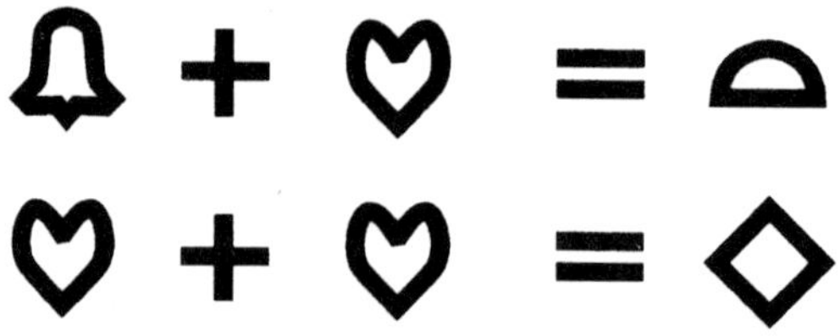

所以 ▤ + ♣ 是一个新的组合，产生的图案也一定是全新的。在所有选项中，只有♣是新出现的，所以只能选它。

答案 88

数字拼图

应填 4。在第一个五边形中有：$5 \times 5 \times 125 = 3125$（$5^5$）。在第二个五边形中则是：$3 \times 9 \times 9 = 243$（$3^5$）。所以第三个五边形中应该出现：$16 \times 8 \times 8 = 1024$（$4^5$）。

答案 89

日光

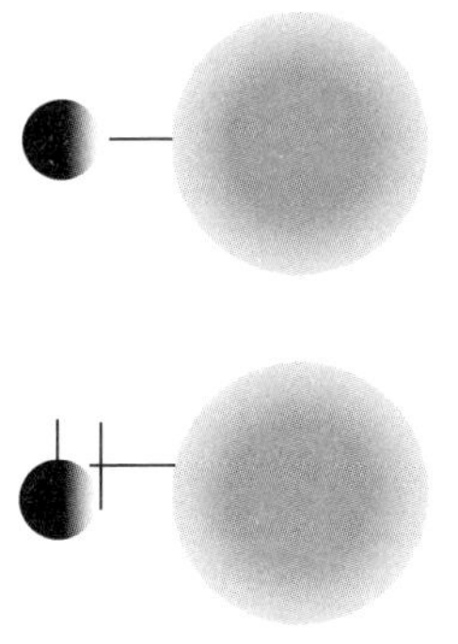

山谷应位于赤道或者靠近赤道处。到太阳的距离之所以会变化是由地球的自转引起的。

答案 90

孤家寡人

选 E。因为其他图形都是中心对称的，即绕对称中心旋转 180°后，原图不变。

答案 91

刮刮卡

因为卡上空白方格的数目不但无法得出，而且与输赢无关，所以不予考虑。输赢的比率总是 2∶1。

答案 92

猜数字

24。在第一个圆中，我们发现如果把 56 和 79 相加再除以 5，结果正好是第三个数 27。同样的规律也应发生在剩下的两个圆中。

答案 93

晚餐会

切斯特夫妇

答案 94

慧眼识错 2

2C

答案 95

年龄与代沟

我今年 40 岁，我女儿 10 岁。

答案 96

一分为二

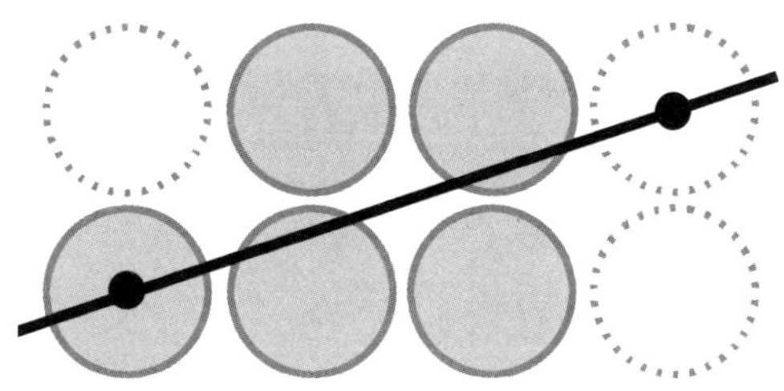

答案 97

横向逻辑

选 B。图中有三种规格的矩形，分别以 a、b、c 表示。在第二幅到第五幅图中，矩形 a 以每次移一个位置的速度从左到右移动了三个位置，接下来将轮到矩形 b 做同样的事情了。

答案 98

带阴影的方形拼图

选 C。规律是前一块拼图顺时针旋转 90° 即为下一块拼图的摆法；阴影部分则每次按顺时针移动到下一个部件上。

答案 99

数列

选 D。规律是每次把原数列中最小的数字去除，然后把该数列倒过来即为新的数列。

答案 100

十八棵树

方案 1

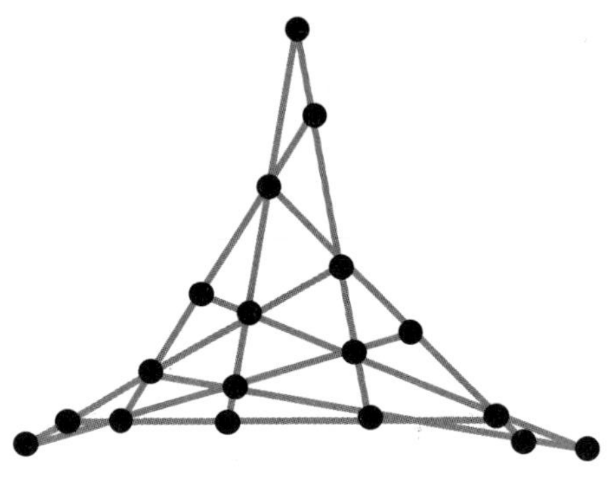

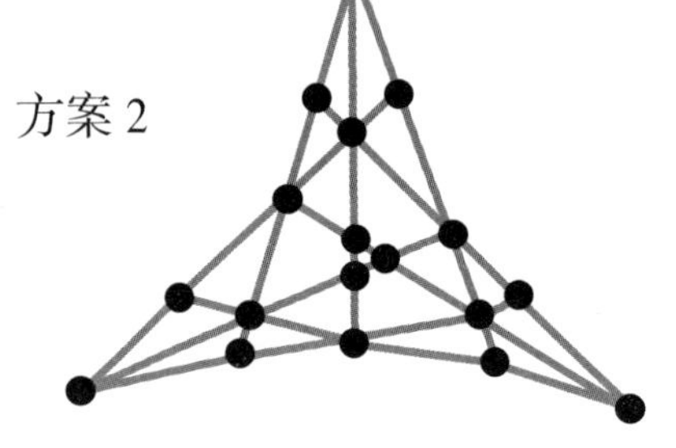

方案 2

每种方案都是九条直线。

答案 101

似是而非

应填 12。从下面那行的第二个数字 27 开始，该行的每一个数字都等于它左边和左上方两个数字个位数与十位数之和，例如：27 对应的两个数为 72 和 99，7 + 2 + 9 + 9 = 27。

答案 102

鸟犬同笼

44 只。两条腿的企鹅 44 只加上四条腿的爱斯基摩犬 28 只，可得出两种动物总数为 72，总共有 200 条腿。

答案 103

择友篇 3

选 B。第二张图（即要找的那张）可以认为是将前一张图向下翻折 180° 后的结果。

答案 104

棋盘外的战略

选择方案一（专业级，业余级，专业级），得奖概率会更高。因为对业余级选手的那场是必胜的，所以这种方案给了他两次机会——只要能击败剩下两个专业级对手中的任何一个，他就能得奖。

答案 105

另类计算

结果等于 8679。将算式倒过来看就可以了。

答案 106

数字魔方

应填 33。将对角线的两数相乘得到两个积，两积中较大的那个减去较小的那个，结果即为中心数。

$(13 \times 5) - (8 \times 4) = 33$

答案 107

天空之旅

飞行员	机场	目的地
迈克	希思罗机场	纽约肯尼迪机场
尼克	盖特维克机场	温哥华
保罗	加的夫机场	柏林
罗宾	曼彻斯特机场	罗马
托尼	斯坦斯特机场	尼斯港

答案 108

青蛙捕蝇

29 只青蛙

答案 109

登陆小岛

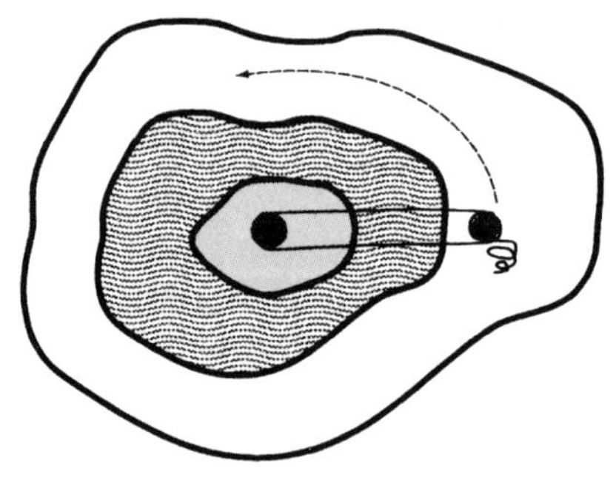

那人先将绳子的一头绑在湖畔陆地上的树上，然后拉着绳子绕湖走一圈。当他走到一半时，绳子就会自动缠绕在岛中央的树上。等他回到起点，再将绳子的另一头也绑在刚才绑过的那棵树上，路就架好了。接下来他只要攀着绳子就能直达岛上。

答案 110

嘉年华盛会

姓名	年龄	所坐设施	喜爱的零食
萨姆	14	碰碰车	热狗
乔	11	过山车	油炸薯条
唐	12	旋转木马	棉花糖
岚	15	鳄鱼船	口香糖
罗恩	13	摩天轮	冰激凌

答案 111

金字塔阵 3

选 E。从倒数第二行开始，每一个六边形都是由位于它下一行的左右两个六边形叠合而成，但只显示不重合的线条。

答案 112

万花筒 2

选 D。图案从左到右，里面的大小白色圆形每次绕镜筒中心旋转 180°，黑色圆形每次顺时针转 90°，黑点每次转 180°。

答案 113

诡异的数列

是 1。如果您尚不清楚，请把题目所在页对着镜子看，是不是看到了按顺序出现的 1、2、3、4、5？

答案 114

不速之客 2

选 B。A 和 F 中的图案其实是一样的，另外两对组合 C 和 D、E 和 G 也是如此。

答案 115

万花筒 3

选 D。

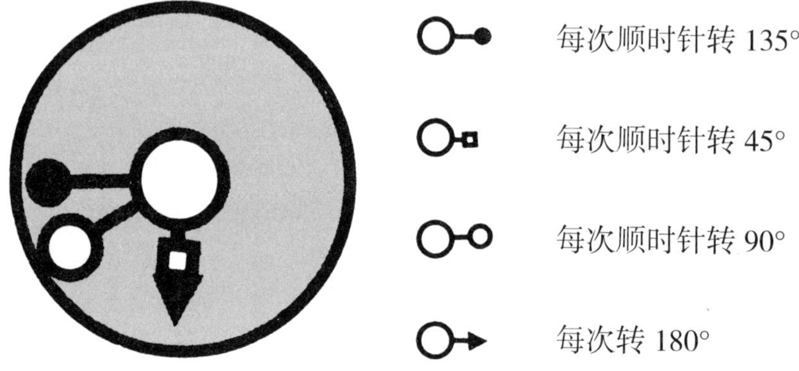

答案 116

圆圈里的交会 2

B

答案 117

爱鸟人士

姓名	国家	鸟名	集合名词
艾伯特	比利时	猫头鹰	国会
罗杰	法国	乌鸦	谋杀
哈罗德	德国	渡鸦	无情
卡梅伦	苏格兰	鸻鸟	羽翼
爱德华	英格兰	八哥	低吟

答案 118

等式变换

改为 $7^2 = 49$。原等式中，6 倒过来变成 9，2 变成 7 的平方数。

答案 119

方块组合

选 B。构成该组合的小方块共有四种，如下标记为 a、b、c、d。因为原组合中小方块的类别分别为 abc、abd 和 bcd，所以缺少的小方块类别应该是 acd（省去 b）。

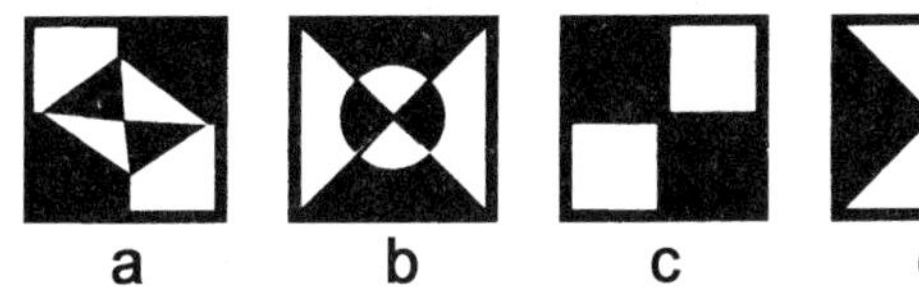

答案 120

不速之客 3

选 B。B 选项为一个曲线图包含一个直线图，其他选项正好相反。

答案 121

数字转盘

是 20。规律为从 10 开始，顺时针跳过一个数字后加上 1，再顺时针跳过一个数字后加上 2，再跳过一个数字后加上 3，以此类推。

答案 122

跳舞的圆圈

选 D。小圆的舞步是先右移两格进入下一幅图，再左移一格进入第三幅图。中圆的舞步是先左移一格，再右移两格。大圆则是先右移一格，再左移两格。

答案 123

三角组合

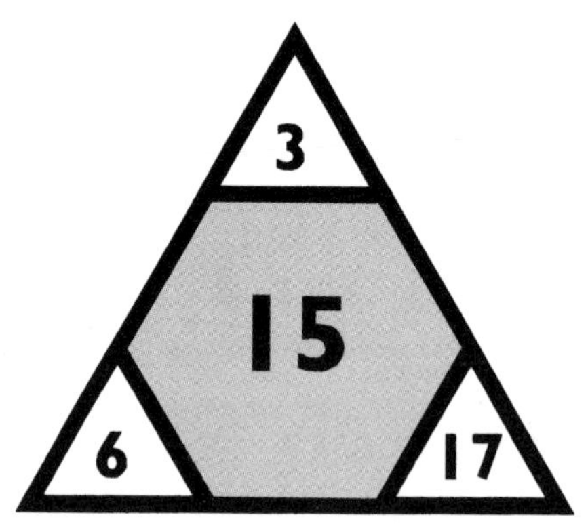

最顶上的数字由中心数字除以5得到。把组成中心数的两个数字加起来等于左下角出现的数字。把中心数的个位与十位互换，再把互换的结果除以3，结果即为右下角的数字。

答案 124

家居生活

名字	姓氏	房间	家居用品
凯莉	丁格尔	暖气房	电脑
艾米	威廉姆斯	卧室	电视
克莱拉	葛理斯	客厅	音响设备
罗珊	辛普森	厨房	电话
米歇尔	普林格尔	书房	书架

答案 125

棍子游戏

把两根较短的棍子头与尾对接，再去和最长的短棍比较，如果对接后的长度超过了那根最长的短棍，则说明这三截短棍可以组成三角形。

答案 126

大小圆圈

选 C。观察 A 和 E、B 和 D。A、E 中的圆位置一样，只是大小互换了一下，B 和 D 也是如此。

答案 127

金字塔的线索

选 D。从倒数第二行开始，每一个圆都是位于它下一行的左右两圆的重合部分。

答案 128

依样画葫芦

选 F。每一行和每一列中的第三个圆都由该行或该列的前两个圆叠合而成，只是不显示重叠的部分。

答案 129

慧眼识错 3

3A

答案 130

奇幻数字 2

三个数字一组，要求每组数字之和为 1000。

457 + 168 + 375 = 1000

532 + 217 + 251 = 1000

349 + 218 + 433 = 1000

713 + 106 + 181 = 1000

答案 131

改头换面

选 C。首先是正方形变成圆形，其次是内部的元件位置不变，但颜色深浅互换。

答案 132

叠罗汉

顺序为 A → D → G → H → F → B → E → C

答案 133

黑白配

选 D。规律是当某一颜色的三角形在外围四个圆的同一位置出现过三次时，该颜色的三角形一定会被转到的中心圆的同一位置。

答案 134

双色谜题

选 A。规律是中间交叉与顶端交叉相对应，另外同一部分的深浅颜色互换。

答案 135

宝物守护者

守护者	藏宝地	外貌	宝物
侏儒	挪威	凶神恶煞	钻石
女妖	威尔士	蓬头垢面	黄金

（续表）

守护者	藏宝地	外貌	宝物
巨人	苏格兰	阴沉着脸	红宝石
小精灵	爱尔兰	古灵精怪	翡翠
小鬼	英格兰	奇丑无比	白银

答案 136

画图“点睛”

选 D。白点的分布规律是：一个只在圆中，另一个既在三角形中又在方块中。

答案 137

长筒袜

至少拿 37 只。因为最糟糕的可能是在拿出了所有的 21 只蓝色袜子与 14 只条纹袜子后，才拿到 2 只黑色的长筒袜。

答案 138

花式卡片

要翻两张，分别是左起第一和第三张。

很多人或许想到的是第一和第四张，但那是不对的。不过第一张是一定要翻的，因为如果翻出的另一面是三角形，则符合我们的假设；如果不是，那我们的假设就不成立。第二张不必翻，这是显然的。接下去翻第四张的人可能会想，如果第一张的另一面是三角形，而第四张的另一面又是全黑的话，假设就可以成立了。实则不然，因为即使第四张的另一面是全白的，对于我们的假设也丝毫没有影响。但如果第三张的另一面是全黑的话，我们的假设就不攻自破了，所以接下来应该被翻的是第三张才对。

答案 139

赌场的筹码

27 美元

答案 140

圆圈里的规律

选 B。规律是从左至右，顶上的圆与中间的鱼雷形图案逐渐变小，底下的曲边矩形和中心圆逐渐变大，右手边的圆只在两种颜色间变化。

答案 141

钻石切割术

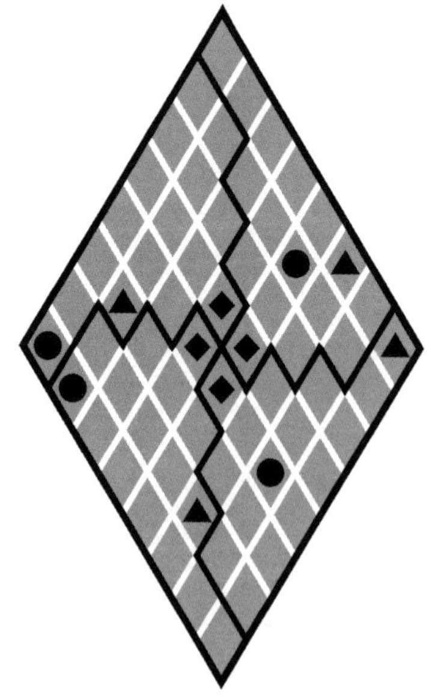

答案 142
美式橄榄球

姓名	队名	战术位置	T 恤颜色
大卫	绿湾包装工队	四分卫	黄色
克劳德	达拉斯牛仔队	内边锋	蓝色
维克托	克利夫兰布朗队	进攻后卫	红色
塞缪尔	奥克兰袭击者队	防御后卫	黑色
比尔	卡罗莱纳黑豹队	罚球手	紫色

答案 143
各得其“所”

名字	姓氏	居所名称	房门颜色
梅布尔	斯蒂文	玫瑰小屋	蓝色
桃乐茜	希尔	高山别墅	红色
格蕾斯	沙利文	流水别墅	白色
特蕾西	彼得斯	河岸别墅	黑色
佩吉	瑞芙尔	白石公寓	绿色
谢丽尔	蒙比	大宅院	橙色

答案 144
神秘谋杀案

凶手是厄尼·布莱克。

答案 145

爱车一族

姓名	出厂时间	车内装饰	车外喷漆
查理	1995	皮革	白色
吉姆	1992	米色布	黑色
比尔	1994	棕色布	蓝色
弗瑞德	1993	格子呢	绿色
哈里	1991	条纹布	红色

答案 146

多米诺骨牌

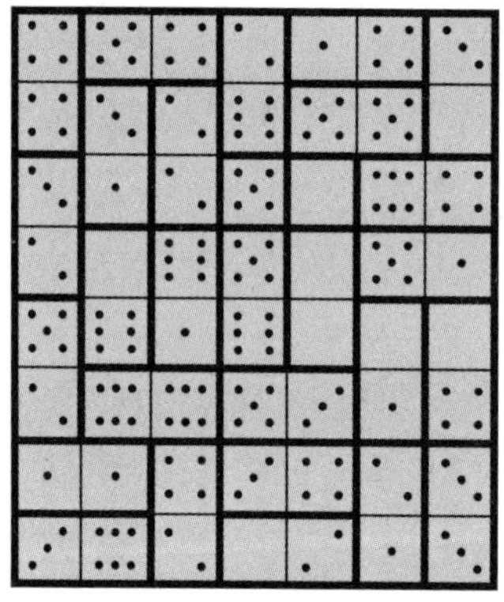

答案 147

天平配对

选 D。在样图中，原图天平两端的小圆组成新图的外框——一个大圆。原图剩下的部分——天平加三角，进入新图的外框中。另外原图和新图的颜色深浅正好相反。

同样地在题目中，原图天平两端的小方块组成新图的外框，剩下的天平加圆圈进入新图的方形外框中，最后两图颜色深浅反一下即可。

答案 148

神奇的瓷砖

把书倒过来看，您会发现数字显示在瓷砖间。

答案 149

循序渐进

选 B。将大矩形按从左至右的顺序编号为 1、2、3。我们能看到每个大矩形都是由八个不同花色的小方块组成的，按这些小方块所处的位置编号（如下图所示）。

1	2
3	4
5	6
7	8

递变规律为：矩形 1 到矩形 2 时，方块 1、2 互换；矩形 2 到矩形 3 时，方块 3、4 互换。因此在矩形 3 到矩形 4 时，方块 5、6 应互换。值得注意的是，任何一对互换过位置的小方块在进入下一个矩形时，它们的位置仍旧会互换一次。

答案 150

摸彩球

概率为 1/5。将两只红球按 1、2 编号以示区别。摸出两球的所有可能组合如下所示，共六种：

1. 红球 1 号/红球 2 号
2. 红球 1 号/白球
3. 红球 1 号/黑球
4. 红球 2 号/白球
5. 红球 2 号/黑球
6. 黑球/白球

由于那人已说明有一球为红球，所以在排除第 6 种可能的情况下，两只都是红球的概率就是 1/5。

解谜笔记